Saggi Tascabili Laterza
316

I Libri del Festival della Mente
serie diretta da Giulia Cogoli

FONDAZIONE
CASSA DI RISPARMIO
DELLA SPEZIA

FONDAZIONE
EVENTI

Gustavo Pietropolli Charmet

FRAGILE E SPAVALDO

Ritratto dell'adolescente di oggi

i Libri
del Festival
della Mente

Editori Laterza

Prima edizione settembre 2008
Seconda edizione settembre 2008

Finito di stampare
nel settembre 2008
SEDIT - Bari (Italy)
per conto della
Gius. Laterza & Figli Spa
ISBN 978-88-420-8722-9

Introduzione

Fino a qualche anno fa l'adolescente non suscitava grande interesse sociale e culturale. Erano rari e piuttosto stereotipati i ritratti che giornalisti e scienziati sociali s'arrischiavano a tentare. Anche la psicoanalisi, all'inizio degli anni Settanta, finì per accorgersi che l'adolescenza era rimasta la «cenerentola» di tutte le età dell'uomo di cui si fosse interessata e decise di effettuare i primi schizzi di un affresco che nel corso dei successivi vent'anni avrebbe messo a punto, e che ora è esposto al grande pubblico delle librerie.

I ritratti erano però monotoni e poco convincenti, spesso noiosi e manierati.

Alcuni autori insistevano sulla «rabbia in corpo». Anche il cinema ha caldeggiato una rappresentazione dell'adolescente vittima dei soprusi degli adulti e quindi costretto a ribellarsi con la conseguente fine (brutta) che fanno i ragazzi quando si mettono «contro».

Altri, affezionati a Giulietta e Romeo, non si sono troppo allontanati dalla tematica del grande amore adolescenziale osteggiato dall'invidia degli adulti con conseguenti ribellioni, fughe, prigionie e condanne sociali.

Nel corso degli ultimi anni il tema della contestazione – fino a raggiungere l'estremo della sovversione anche terroristica – ha proposto aspetti in parte nuovi ma in fondo collegati a quello tradizionale della disobbedienza. Una disobbedienza motivata dalla cattiveria della gerontocrazia al potere.

Naturalmente, un ruolo di primo piano è sempre spettato al lato scabroso della sessualità adolescenziale: da una parte, cioè, la seduzione nei confronti degli adulti, dall'altra la violenza che gli adulti sono «costretti» a fare agli adolescenti a causa dell'irresistibile attrazione che le sembianze efebiche dei giovanissimi maschi o la verginale malizia delle giovanissime fanciulle in fiore esercitano sul loro nostalgico immaginario.

Le bande giovanili, la delinquenza, la violenza adolescenziale hanno tenuto banco a lungo; e ancora oggi sono argomenti su cui si esercitano la cronaca e il dibattito televisivo: la messa in scena ha portato le peripezie degli adolescenti nella fascia degli spettacoli di prima serata.

Il disagio degli adolescenti, principalmente causato dal dato evidente che non li si ascolta abbastanza e che gli adulti hanno perduto per insondabili motivi la capacità o la voglia di educare i figli e gli studenti, è attualmente materia di conversazione molto alla moda, discussa con devozione negli incontri serali che si tengono sempre più spesso nelle scuole.

Oggi si parla di adolescenti molto di più che in passato, quando ancora li si chiamava «ragazzi» o «giovani», e adolescente era un termine letterario. Spesso però si ha l'impressione che sfugga la trama affettiva, simbolica, relazionale che li connette al mondo degli adulti e che ha fatto sì che venisse loro dedicata tanta attenzione e tante ricerche.

In questo libro viene proposta l'ipotesi che uno dei possibili motivi di sconcerto da parte degli adulti possa dipendere dall'ambiguo impasto di fragilità e spavalderia che caratterizza una parte molto consistente degli attuali adolescenti.

Naturalmente la fragilità è sempre stata una caratteristica invariante dell'adolescente: l'adolescenza anzi dovrebbe servire proprio a temprare il carattere rendendolo forte e non più fragile e contradditorio. La fragilità degli adolescenti di oggi ha però qualche caratteristica di novità rispetto alle generazioni precedenti. Perché è una fragilità che si fonda sull'impressione di avere una missione speciale da compiere, e che colloca l'adolescente fuori dal suo tempo rendendolo spesso disinteressato alle vicende che dovrebbero invece riguardarlo da vicino. Gli adolescenti pensano di doversi dedicare allo sviluppo della loro bellezza, non solo fisica, ma psichica, sociale, espressiva. Sembrano convinti che la loro segreta missione abbia diritto di precedenza rispetto ad altre incombenze e che, in caso di conflitto fra questa e le esigenze avanzate dall'ambiente in cui vivono, non debba esserci dubbio su cosa privilegiare. Il bisogno di curare la loro bellezza li rende permalosi, esposti al rischio di sentirsi poco apprezzati, umiliati e mortificati da un ambiente che non dà loro il giusto riconoscimento. Quindi fragili perché esposti alla delusione derivante dal divario fra aspettative di riconoscimento e trattamento reale da parte di insegnanti, coetanei, genitori. Fragili perché addolorati dall'umiliazione e dal rischio di doversi troppo spesso vergognare del proprio corpo e della propria, a volte irrimediabile, invisibilità sociale.

A complicare la possibilità di restituire un ritratto somigliante all'adolescente di oggi sopraggiunge l'intreccio tra la fragilità narcisistica e una particolare spavalderia che li caratterizza. Quest'ultima non è tronfia, spocchiosa, esibizionista e rumorosa, anche se spesso gli adulti si lamentano della rumorosità degli adolescenti.

Sono spavaldi interiormente, non solo e non tanto nella relazione con l'autorità, che in linea di massima rispettano, anche se non pensano li riguardi. La loro è una supponenza non troppo tracotante, un'indifferenza senza disprezzo esagerato, il culto della propria persona in spregio alla deferenza attesa dagli adulti trasformati in spettatori. È una spavalderia che non ha bisogno di prove di coraggio, poiché è vissuta come normale amministrazione dei rapporti di forza tra le persone, le età e le generazioni. Si tratta di un'operazione mentale che ha l'esito di sminuire l'importanza delle persone o istituzioni che di solito ne avrebbero molta, e che sono invece costrette a fare i conti con questa perdita di fascino, credibilità e soprattutto di potere simbolico.

L'istituzione alla quale più di tutte gli adolescenti di oggi hanno sottratto quasi totalmente il potere simbolico di cui godeva in passato è la scuola, ridotta a un edificio e un insieme di adulti deputati a erogare un servizio. Gli adolescenti di oggi entrano ed escono dalla loro scuola con indifferenza e padronanza; non ne hanno paura, non si sentono in colpa se non hanno fatto i compiti. Ma nello stesso tempo non esagerano: sono solo spavaldi, non trasgressivi; non la attaccano, la sopportano, ma la scuola non deve esagerare. In questo porre un limite alle richieste onnivore della scuola esercitano un livello elevato di spavalderia. Così facendo, difatti, si liberano del potere segreto della scuola, che è sempre consistito nel sottrarre quasi tutto il tempo ai giovani, anche quando il portone è chiuso e professori e bidelli sono dediti ad altro.

L'impasto, spesso leggiadro, fra fragilità e spavalderia dei nuovi adolescenti non sempre però è gradito agli adulti – che lo vivono come mancanza di rispetto, irriverenza, disagio troppo grave per essere solo tale – soprattutto perché complica moltissimo la relazione educativa. Il mondo adolescenziale appare opaco e incomprensibile agli occhi degli adulti; troppo distante da quello che hanno sperimentato anni prima in un diverso contesto e all'interno di una mente tormentata da altre passioni, pensieri e valori.

I genitori e gli insegnanti degli adolescenti di oggi hanno poco praticato la spavalderia perché nella loro adolescenza hanno dovuto fare i conti con la sudditanza, obbedienza ambivalente e devozione assoluta. Non erano spavaldi, semmai ribelli, contestatori, secchioni. Non erano fragili, carismatici, permalosi e dediti al culto della propria persona, perché erano assorbiti dal tentativo di capire come si potesse conquistare la libertà sessuale ed espressiva, sempre però conservando buoni rapporti con genitori e insegnanti.

Sono dunque numerosi i motivi che rendono interessante delineare un ritratto degli adolescenti di oggi concentrandosi su queste due nuove e salienti caratteristiche: la loro significante e a volte dolorosa fragilità e la loro spavalderia, in bilico con il diventare trasgressione.

Discutendo di fragilità ci siamo dovuti addentrare nell'evidentissima tendenza narcisistica di questa generazione. E abbiamo così tentato di avanzare un'ipotesi sul suo collegamento con i cambiamenti avvenuti nel modello educativo della famiglia negli ultimi decenni, pur nella consapevolezza che la trasformazione del funzionamento mentale dell'adolescente deriva da uno sciame infinito di fattori sociali, economici e culturali.

Ci è sembrato che fosse ineludibile discutere del ruolo della creatività nell'adolescenza, in considerazione dei suoi collegamenti con l'assetto narcisistico e le spinte verso l'espressione musicale, artistica, letteraria, senza escludere la danza e le spettacolari manipolazioni del corpo.

Nell'attribuire i colori al ritratto del nostro adolescente fragile e spavaldo, ci è sembrato che si dovesse tener conto delle due passioni principali che paiono attraversare il suo animo e governare le sue azioni, comprese quelle creative: la noia e la vergogna. Queste ci sono apparse le registe affettive dei mille cambiamenti avvenuti nel processo adolescenziale, per cui abbiamo anche avanzato l'ipotesi che siano loro le ispiratrici di una buona dose di fragilità e di molta spavalderia.

Forse il ritratto così completato non sarà somigliante alle migliaia di adolescenti che non hanno nulla a che vedere con la fragilità e la spavalderia, ma vale la pena di assumersi la fatica e i rischi di un simile tentativo di identikit. Perché è in gioco la possibilità di riformulare il progetto educativo nei confronti dello sconosciuto seduto tra i banchi delle nostre scuole, che si dà appuntamento con i coetanei nel labirinto dei centri commerciali, che ascolta e produce una musica mai sentita nel corso dei secoli precedenti, che cerca se stesso nel proprio corpo, nei segreti della propria anima e che non sembra molto interessato a ciò che gli adulti hanno da trasmettergli.

Siamo però nelle condizioni di poterlo fare oggi con maggiore attendibilità degli anni in cui il conflitto fra le generazioni era elevato, spesso drammatico; perché quel conflitto rendeva molto difficile mettersi in ascolto del brusio che comunque sale dall'universo adolescenziale maschile e femminile. In questi ultimi anni il conflitto fra le generazioni si è molto placato e si è stabilito un armistizio disarmato. Il padre ha deposto le armi, il controllo sociale sui giovani li lascia piuttosto liberi di esprimersi, le pari opportunità hanno dato i loro frutti, le madri sono intente a lavorare e i figli non debbono perdere tempo a liberarsi dalla loro ansia, la scuola è alle prese con le riforme che non riesce mai a portare a buon fine, aspetta che qualcosa di nuovo succeda e nel frattempo lascia vivere i propri studenti. Queste e molte altre constatazioni permettono di avanzare l'ipotesi che il momento sia propizio per tentare di definire meglio i connotati del nuovo adolescente. È abbastanza fermo e gli piace essere osservato e studiato; non ha proprio nulla in contrario e risponde a tutte le domande che gli si vogliano rivolgere. Anche in televisione, al cospetto di milioni di mamme e insegnanti, racconta esperienze che in passato neanche se costretto un adolescente avrebbe ammesso.

È così stato possibile avvicinarsi moltissimo agli adolescenti; un po' di strada l'hanno fatta anche loro e chi aveva voglia di mettersi in ascolto ha potuto farlo senza correre troppi rischi. Nelle scuole si sono divaricati spazi di ascolto anche psicologico oltre che educativo. Nei centri di aggregazione, nelle associazioni sportive, nei servizi socio-educativi adulti molto motivati si sono cimentati con un gran numero di adolescenti più o meno in crisi e disponibili a raccontare le loro peripezie. Moltissimi ragazzi hanno risposto alla pioggia dei questionari che chiedevano loro di tutto. Ora gli adulti che vogliano sapere come la pensano gli adolescenti possono accertarsi di come la loro mente funzioni diversamente dalle aspettative educative, familiari e scolastiche. Giovani scrittori e giovanissimi registi hanno cercato di raccontare miti e disfatte della loro generazione, a volte in modo pertinente e spesso divertente. La rete, e uno stuolo di giornali per teen-ager, raccolgono testimonianze e aggiornano gli usi e i costumi. Siti e blog sono a disposizione di tutti; chiunque voglia può inserirsi e partecipare alla conversazione planetaria.

Il ritratto proposto da questo libro è frutto di dialoghi, ricerche, colloqui effettuati in luoghi e per motivi diversi. Nulla di statistico, quasi il contrario: generalizzazioni di stampo psicoanalitico, temperate però da una piccola dose di buon senso educativo. E dall'impegno assunto nei confronti di tutti i ragazzi con i quali ho discusso a fondo la questione della loro fragilità e spavalderia: che non ne avrei fatto un uso scorretto, che avrei cercato di dire solo quello che mi avevano insegnato, a volte anche col loro dolore.

L'auspicio è che sulle considerazioni contenute in questo lavoro si possa discutere in luoghi diversi del nostro paese e parlarne in tanti, genitori, docenti, educatori, psicologi, assistenti sociali. Tutti gli adulti, insomma, che hanno a cuore la possibilità di avvertire i ragazzi che ce la possono fare a diventare delle belle persone e nel contempo a salvare il pianeta dal disastro che hanno combinato i loro genitori e i loro nonni, anche se non sarà semplice.

FRAGILE E SPAVALDO
Ritratto dell'adolescente di oggi

1.
COME NASCE NARCISO

Hanno sdoganato il narcisismo

Fra le mille novità che caratterizzano l'interpretazione del percorso di crescita verso l'età adulta da parte degli adolescenti di oggi, ve n'è una che può essere ritenuta la madre di tutte le differenze con gli adolescenti dei decenni precedenti. Si tratta della diffusa convinzione che il proprio sé sia molto più importante dell'altro: gli adolescenti di oggi hanno sdoganato il narcisismo.

Non ritengono che sia un peccato coltivare i propri interessi. Così come soddisfare i propri desideri, opporsi a quelle richieste che ostacolano la piena espressione della propria individualità, ampliare l'area delle esperienze personali. Ma anche scegliere valori e modelli di vita coerenti col proprio stile, accertarsi che le risorse messe a disposizione dalla famiglia e dalla scuola siano utili allo sviluppo delle proprie tendenze e talenti. Gli adolescenti oggi ritengono che i comportamenti che derivano da queste convinzioni siano del tutto legittimi e che non vi debba essere alcun contrasto da parte della cultura degli adulti.

Il sé è più importante del culto e della devozione nei confronti dell'altro da sé, genitore, insegnante, prete o poliziotto. Gli adulti non vengono visti come garanti e tutori di una verità superiore, alla quale è obbligatorio inchinarsi e che ha diritto di precedenza su ogni altra istanza. Il sé ha diritto naturale ad esprimersi, a trovare le proprie personalissime vie di espressione e sviluppo: non c'è nulla di male in tutto ciò. Al contrario è ciò che si deve fare se si vuole avere rispetto di sé, e realizzare ciò che tutti sicuramente auspicano: cioè lo sviluppo di una bella persona, in armonia con se stessa e con gli altri, dotata di buona capacità comunicativa, simpatica e di successo.

Il successo è appunto l'obiettivo a breve termine degli adolescenti attuali. Ne hanno bisogno ma soprattutto hanno la certezza di averne diritto. Per successo intendono il riconoscimento del loro intrinseco valore, della loro unicità ed individualità. Coltivano il convincimento che essere riconosciuti e valorizzati sia ciò che la famiglia, la scuola e i coetanei debbano fare. Perché è ovvio che sia così ed è innaturale che si voglia negare una verità così elementare: cioè che ognuno è diverso dall'altro e va valorizzato per le sue specificità e talenti, al di là delle prestazioni, che appaiono secondarie rispetto al valore della persona.

Il valore del sé e la conseguente richiesta che esso sia teneramente rispecchiato dall'ambiente, valorizzato e reso visibile, non è strutturalmente in conflitto con i valori e le aspettative dell'ambiente. Gli adolescenti attuali non hanno motivi importanti per opporsi o contrastare l'ecosistema culturale ed educativo in cui crescono. Gli adulti non sono degli avversari, ma delle potenziali risorse; se vogliono collaborare meglio, altrimenti non importa, ci sono altre risorse.

Tra queste ci sono soprattutto i coetanei, che essendo tali hanno delle specifiche competenze e possono perciò riconoscere il proprio valore. La bellezza, l'unicità, l'importanza del soggetto, dei suoi emblemi e trofei, competenze e capacità, bisogni e limiti: tutto ciò che nell'insieme costituisce il fascino della propria diversa ed originale interpretazione della crescita.

Gli adolescenti di oggi non contestano l'autorità, perché non le danno molta importanza. Ne capiscono le esigenze, ma le riconoscono solo un'importanza secondaria: può essere utile purché non intralci la delicatezza dei «lavori in corso» nell'area della costruzione del sé. Quest'ultima ha bisogno di autonomia e di uno statuto speciale, perché ha una missione da compiere, e deve essere esentata dal rispetto di una normalità che la riguarda solo in parte.

Non si tratta perciò di un'adolescenza originariamente trasgressiva o violenta. Al contrario; della realtà sociale e dell'organizzazione del potere ai nuovi adolescenti non interessa granché. Non la contestano, né le si sottomettono: la considerano poco.

Naturalmente le conseguenze dell'avere come compito quello di obbedire al sé invece che all'altro sono molte. Così come quella dell'avere la missione di crescere nella verità della propria personale ispirazione, supportata dalla cultura e dalle mode della propria generazione che condividono pienamente questi valori individuali e li esaltano in un coro di consensi.

Mi sembra quindi pertinente dare il nome di «narcisismo» all'insieme di fantasie, pensieri, comportamenti e valori che derivano dalla scoperta di come il sé sia molto importante e di come non capirlo, assecondarlo e socializzarlo significherebbe tradire la propria vera missione e abbruttirsi nell'imitazione, travestirsi e vendersi. Narcisismo è il termine che consente di contenere al proprio interno il maggior numero di componenti parziali di questo complesso fenomeno.

Il nuovo adolescente può perciò prendere il nome di Narciso perché ha bisogno di vedere riflessa la propria immagine nello specchio sociale, nel consenso del gruppo, nella valutazione dei docenti, nell'affetto della madre e del padre. Ha bisogno di un rispecchiamento relativo alla sua intima essenza. Gli interessa poco che vengano valutati positivamente i suoi risultati scolastici, ma si esalta – o si mortifica – per una valutazione del valore della sua persona, indipendentemente dal ruolo sociale in cui si è temporaneamente e, a volte, senza molta convinzione incarnato.

Perciò d'ora in avanti in questo libro useremo l'appellativo di «Narciso» per riferirci al nuovo adolescente, naturalmente senza che tale definizione debba suonare come un epiteto critico o un insulto. Al contrario, consapevoli che gli adolescenti attuali stanno tentando una nuova strada verso la crescita. Legittimare il narcisismo a scapito del masochismo non è operazione indolore e priva di conseguenze. Il contesto educativo è infatti ancora molto critico nei confronti del narcisismo e privilegia di gran lunga la sottomissione masochistica e la rinuncia dell'interesse personale, a favore del rispetto dei valori condivisi del bisogno dell'altro, dell'obbedienza all'autorità costituita. Per questo la cultura degli adulti non guarda con favore allo sdoganamento del narcisismo da parte degli adolescenti di oggi e li denigra con insolito accanimento. Gli adulti non li temono, piuttosto li disprezzano e non sono disponibili a riconoscer loro alcun merito, anzi gli attribuiscono una buona dose di demeriti; a volte li criminalizzano attraverso la sottocultura dei mass media, e si ripromettono di ristabilire i fatidici «paletti» oggi divelti (chissà da chi e chissà quando).

In realtà i nuovi adolescenti trionfano ovunque.

La televisione è al completo servizio di Narciso: si incarica di rispecchiarlo, intervistarlo, farlo danzare, cantare, gareggiare in bellezza ed esibire i suoi costumi e le sue mode. La pubblicità lo corteggia e lo rappresenta come modello di ogni consumo e di tutte le malizie. Il cinema canta i suoi amori e dissolutezze con una tenerezza commerciale inusitata nei decenni precedenti, quando, semmai, l'adolescente era rappresentato come vittima dell'autorità violenta in seno alle istituzioni degli adulti. L'editoria vive delle vendite di libri costruiti per lui.

Il mercato dei consumi si rivolge a Narciso nella consapevolezza che lui muove masse enormi di denaro e orienta la politica degli acquisti di tutta la famiglia, favorendo un processo di «adolescentizzazione» dei consumi. Processo che coinvolge le madri e i padri in abbigliamento, consumo di bevande e ingestione di cibi mutuati dall'universo adolescenziale.

La debolezza di Narciso consiste però proprio nella sua dipendenza dal riconoscimento da parte del mondo in cui vive. Allorché Narciso non venga adeguatamente riconosciuto e apprezzato per come persegue la sua segreta missione, ne soffre profondamente. Le ferite narcisistiche sono dolorosissime quando vengano sperimentate proprio da Narciso, che le avverte come mortificazioni e umiliazioni intollerabili; il dolore che sperimenta scende in profondità, producendo rabbia impotente e un micidiale progetto vendicativo. Quando è messo alla gogna, Narciso può diventare violento e molto cattivo. Questo perché non è capace di identificarsi con le vittime del dolore che infligge per poter riabilitare la propria «bellezza». La furia narcisistica è pericolosa perché punta a far paura, a vendicarsi degli oltraggi subìti da chi ha abusato del potere che gli era stato conferito, umiliando il valore che era in attesa di un riconoscimento.

Ciò fa sì che negli adolescenti di oggi siano più evidenti i segni della debolezza e fragilità del loro narcisismo, piuttosto che la bellezza della loro interpretazione della crescita. La cultura degli adulti rinfaccia loro di non volere affrontare le fatiche, i conflitti, la solitudine e la responsabilità; cioè di voler rifuggire dalle occasioni in cui potrebbe essere smascherata proprio l'impreparazione scolastica, sociale, sentimentale, sessuale, sportiva degli adulti.

Narciso non tiene in gran conto i pettegolezzi che si fanno nei suoi confronti poiché neppure crede e capisce che si parli proprio di lui e delle sue scelte: pensa che si parli dei suoi nemici, non di lui stesso. Narciso è molto permaloso, ma non si sente perseguitato poiché ciò significherebbe dare importanza all'altro e ai suoi errori di giudizio. Narciso ha bisogno della benevolenza dell'altro, ma se non c'è interesse nei suoi confronti non ha alcuna importanza. Sono in tanti a poter garantire sostegno e successo, non è il caso di perdere tempo con chi non se ne intende e non ha gli strumenti per valorizzare chi ha di fronte.

È naturale che Narciso, essendo tale, tenga in gran conto la «bellezza», cioè l'arte e le espressioni umane che riescono a comunicare i contenuti profondi, e le apprezza e condivide soprattutto con chi ha le chiavi di lettura necessarie, cioè i membri della propria generazione. Ecco perché è importante interessarsi della creatività di Narciso; perché egli intona il proprio canto ed esprime le sue verità prevalentemente attraverso il processo creativo. Ed esistono buone ragioni per ipotizzare che Narciso sia indotto dai propri bisogni profondi a ricorrere alla creatività per organizzare la propria sopravvivenza in un ambiente favorevole più alla sua normalizzazione che alla celebrazione della sua preziosa diversità.

Il cucciolo d'oro

Gli adulti che interagiscono con l'universo adolescenziale, nei vari ruoli affettivi e sociali, sono stupefatti dalla rapidità con cui, nel corso degli ultimi venti anni, gli adolescenti hanno introdotto importanti novità nel loro modo di interpretare il passaggio alla vita adulta. Si ha quasi l'impressione che l'accelerazione subìta da questa trasformazione porti ogni anno una nuova e inedita generazione di preadolescenti e adolescenti sempre più narcisistica ad affacciarsi alle soglie delle scuole medie inferiori e superiori. Cioè una generazione sempre meno motivata a riconoscere alla scuola un significato etico e simbolico.

Naturalmente tutti si chiedono come possa essere avvenuta una così rapida trasformazione di un processo che ha degli aspetti invarianti: l'adolescenza non è un'invenzione culturale, è un passaggio previsto dal ciclo biologico e la cultura può solo dilatarlo. O accorciarlo e presidiarlo nei modi più disparati in rapporto alle trasformazioni socioculturali che governano la società.

Tutti sembrano d'accordo che il cambiamento del modello educativo familiare abbia giocato un ruolo di primo piano nel determinare questa trasformazione. Narciso nasce e prende corpo in famiglia, cresce e si convince del valore del progetto narcisistico, attraverso la relazione con la madre e con il padre; e anche nelle relazioni con i membri della famiglia allargata, accorsi a salutare il cucciolo d'oro da tutti adorato.

In base alla mia esperienza e alle ricerche che ho condotto in questi anni sono assolutamente d'accordo con questa ipotesi: nel corso degli ultimi anni le madri e i padri hanno modificato le idee guida e i sistemi di rappresentazione della funzione genitoriale nei confronti del loro cucciolo.

Ho cercato di ricostruire insieme ai genitori degli adolescenti in crisi con cui ho lavorato, dove fosse nata la cultura affettiva alla quale hanno affidato la relazione educativa col figlio. Lavorando con madri e padri, ma anche con gruppi di genitori, e nel corso di vari incontri e dibattiti nelle scuole, è sempre emersa la medesima rappresentazione del mito affettivo delle origini dell'ispirazione del loro ruolo.

Guardando il proprio cucciolo addormentato nella culla dopo il lungo travaglio del parto a nessuna madre e a nessun padre è venuto in mente che si trattasse di un piccolo selvaggio da civilizzare. Nessun genitore ha mai pensato che il proprio bebè fosse il rappresentante di una natura satura di istinti riprovevoli, un impasto di rapacità ingorda, mancanza del senso del limite e delle regole, rabbia sconvolgente, sessualità primitiva, aggressività antisociale.

Le mamme e i papà degli ultimi anni hanno smesso di pensare che il loro cucciolo fosse un piccolo selvaggio, un impasto di istinti antisociali, di sregolatezze impetuose, di avidità pericolose, di reazioni violente e sofferte ad ogni imposizione, limite ed orario.

Non pensano più che il bambino nasca all'ombra del peccato originale, che sia destinato a diventare un grande peccatore se continuerà ad assecondare la propria natura selvaggia e perciò incompatibile con l'organizzazione della famiglia e della società. Incompatibile con le sue regole e i valori istituiti per tenere a bada la natura dell'uomo, che nasce perverso, ma che dovrebbe abbandonare questa natura accettando di privilegiare la cultura e la civiltà.

Non pensano più che il loro bambino sia tendenzialmente colpevole e che debba essere riscattato dall'educazione, cioè dalle regole e dai valori che gli dovranno essere imposti, volente o nolente, affinché si accorga degli innumerevoli vantaggi che elargisce l'obbedienza ai genitori. Non pensano che debba rinunciare alla soddisfazione dei suoi bisogni e desideri naturali perché troppo sfrenati, irruenti, incompatibili con l'ordine e le regole che governano i riti e i ritmi di ogni famiglia. Non pensano che sarà loro compito fare da tramite fra i valori della società in cui il bambino crescerà e la sua mente, che costruirà gradualmente un mondo di valori e di regole che lo dissuaderanno in ogni momento e a ogni età dall'assecondare le tentazioni residue della sua originaria natura perversa e antisociale. Non pensano che dovranno sottometterlo, anche con la minaccia e la somministrazione di castighi, al rispetto della loro autorità, in quanto rappresentanti all'interno della famiglia dello Stato e della divinità.

I genitori non fanno tutte queste congetture. Così come non ipotizzano che eserciteranno nei confronti del loro cucciolo una forte pressione educativa, che potrà anche essere dolorosa e fonte di paure, per sottometterlo al loro volere. Perché questo è frutto della sedimentazione nella loro mente e nel loro mandato genitoriale delle tradizioni della famiglia, del gruppo etnico di appartenenza e della religione. Non ipotizzano che costringeranno il figlio, nato sotto il segno della colpa naturale e della sovversione della cultura, a sottomettersi al rispetto delle regole per paura di inflessibili castighi. Così come gli imporranno rinunce, anche dolorose, per abituarlo a prendere le distanze dalla tentazione di assecondare la sua profonda natura; natura che tenterà comunque di trovare astuti sotterfugi per soddisfare i propri bassissimi istinti.

In sintesi non pensano che il bambino sia tendenzialmente cattivo perché sospinto da correnti naturali a cercare la soddisfazione immediata di tutti i suoi istinti. La natura del loro cucciolo è buona e per nulla antisociale. Non progettano perciò di farsi obbedire per paura dei castighi, né ritengono che serviranno molte regole. Ci vorrà molto amore, questo sì: è così che crescono i bambini, circondati da adulti che gli fanno passare la paura iniziale, danno loro sicurezza, li proteggono e li amano. I bambini crescono bene e sono contenti e buoni se i genitori li capiscono, vogliono bene alla loro intrinseca natura e li assecondano nei loro naturali e sanissimi desideri.

Ma perché il bambino appare agli occhi dei suoi genitori innocente e rispettabile, diversamente da quanto appariva ai genitori dei bambini di un tempo? Perché i genitori degli adolescenti di questi ultimi anni hanno, per mille motivi, privilegiato un'altra componente del bagaglio naturale del loro cucciolo. Pensano, anzi sono convinti fin dal primo sguardo, che il neonato li stia cercando, che sia programmato per cercare il bene, in modo da attaccarsi proprio ai genitori naturali, perché ne ha un profondo bisogno. È affamato di latte, ma soprattutto di affetto, di riconoscimento, di protezione intelligente. Questo pensano i genitori del loro bambino: che sia buono perché è un animaletto relazionale, programmato per trovarsi bene solo se trova affetto e conferma da parte degli adulti i quali, come lui, sono smaniosi di coccole, abbracci e sorrisini reciproci, di intesa e di promesse future.

È un bambino che si riconosce nell'odore affettuoso della famiglia, che è proprio lui ad aver creato col suo arrivo, trasformando la donna che l'ha generato in madre. In questa trasformazione è maestro, ottiene splendidi risultati; come è capace di indurre l'uomo che ha contribuito a farlo nascere a trasformare il suo narcisismo virile in masochismo paterno. Questo non sempre e non in tutti i casi gli riesce, perché è un lavoro più complicato e di lungo periodo.

Le imprese relazionali del cucciolo sono sotto gli occhi di tutti. Come la sua fama di bambino affettuoso, intelligente (forse molto intelligente), e soprattutto competente nel riconoscere chi gli vuole davvero bene; e di distinguerlo da chi finge per non far cattiva figura, ma non è veramente devoto e partecipe. Questa fama si estende a parenti e amici e la sua unicità, lungamente attesa e preparata, viene largamente festeggiata. Non è nato un perverso polimorfo, ma un piccolo messia con miracolose attitudini. Con la sua bontà e capacità di costruire legami e vincoli d'amore, dimostra di essere in fondo anche lui un animaletto sociale; non una bestia antisociale da socializzare con le buone o con le cattive. Perciò i genitori non hanno alcuna difficoltà a non punirlo e minacciarlo, ma, al contrario, tendono ad assecondarlo in tutte le maniere.

I suoi programmi infatti sono del tutto coerenti con la fondazione della famiglia umana: è lui che vuole unioni felici, scambi affettivi intensi, riti e ritmi tranquilli. Non gli piacciono affatto né la sessualità, né l'aggressività, sono questioni che finché è piccolo lo disturbano e di cui non è affatto curioso. Gli piace il lettone perché è il luogo più caldo, intimo e affettuoso di tutta la casa. È proprio lo spazio e il tempo in cui la tana sicura è monumentalizzata; dunque non gli piace affatto che sia anche il luogo dello scambio del piacere fra la mamma e il papà. Comunque non gli interessa spiare cosa i due facciano oltre che dormire.

Perciò i genitori sono indotti a pensare che il loro mandato sia quello di aiutare il loro bambino ad assecondare la sua vera natura; la sua indole che, non essendo perversa, è bene sia svelata e trasformata in un programma di crescita. Anche il suo vero e profondo talento deve essere indovinato; e gli debbono essere offerte le risorse necessarie perché diventi competenza e capacità reale.

Insomma i genitori capiscono ben presto che se il bambino non è colpevole, ma anzi è straordinariamente innocente e affettuoso, il loro mandato nei suoi confronti è quello di far emergere la sua vera natura, il suo interiore progetto di crescita e realizzazione personale. Piuttosto che quello di mettere nella sua mente, anche eventualmente con le cattive maniere, regole e valori in grado di fronteggiare la sua natura colpevole.

Nasce così il progetto educativo ma soprattutto relazionale di farsi obbedire per amore e non per paura dei castighi e del dolore fisico o morale. Cambia radicalmente l'idea guida del modello educativo rispetto a quello che derivava, nei decenni precedenti, da una rappresentazione del bambino come piccolo selvaggio da civilizzare.

La fine del senso di colpa

È stato perciò quasi del tutto abbandonato dai genitori dei nuovi adolescenti il modello educativo della colpa e del castigo. Potremmo definirlo così non tanto perché i genitori che lo utilizzavano non amassero i loro figli, o avessero l'intenzione di spaventarli per indurli ad accettare le regole e l'importanza indiscutibile dei valori morali e religiosi, ma perché esso era finalizzato a creare nella mente dei figli un potenziale sentimento di colpa nei confronti del desiderio naturale, di qualsiasi impasto esso fosse. Un potente ed efficace sentimento di colpa, che svolgesse un'azione dissuasiva nei confronti dei comportamenti di natura sessuale o aggressiva; quelli per definizione collegati alla natura intrinsecamente colpevole del figlio dell'uomo. Una colpa tenuta a bada, o severamente punita, come obiettivo strategico dell'educazione dei genitori di un tempo. Quelli che avvertivano come loro specifico mandato l'inserimento nella società di figli che fossero capaci di rinunciare alla soddisfazione immediata in vista di un futuro bene collettivo. Che fossero perciò disposti a pagare il modesto prezzo del disagio della civiltà pur di goderne i vantaggi in termini di affetto e stima da parte dei genitori, in un primo momento, e da parte delle istituzioni sociali, la scuola e il mondo del lavoro, in seguito.

Il modello educativo fondato sulla colpa e sulla paura del castigo poteva avere senso (e lo ha avuto e lo ha ancora) se si conserva una rappresentazione del figlio come tentato da istanze naturali che possono essere tenute a bada solo da una buona dose di valori etici e morali. In questa prospettiva la quantità di dolore che si può somministrare al figlio in una prospettiva educativa può essere anche molto elevata. Poiché gli salva l'anima o, in termini laici, la sopravvivenza sociale, quel dolore è nulla rispetto a quello che sperimenterebbe in futuro se non accettasse di rispettare le tradizioni religiose e culturali della società in cui è nato e della quale si fanno portavoce i genitori.

È da questo modello educativo che veniva il figlio portatore del conflitto edipico, cioè spaventato dai propri impulsi, terrorizzato dalla minaccia di castrazione nel caso si fosse avvicinato alle sue fantasie sessuali ed aggressive, quindi profondamente tormentato da sentimenti di colpa. Lo definiremo nel corso di questo libro Edipo per differenziarlo da Narciso, figlio del modello educativo che ha rimpiazzato quello della colpa.

Edipo allorché entrava nell'adolescenza doveva affrontare problemi di un certo rilievo, poiché diventava enorme la massa di desideri e fantasie che gli erano proibite: sia di natura sfacciatamente sessuale, sia legate al prorompente desiderio di libertà e autonomia. Doveva allora decidere se sottomettersi alla legge del padre, o se tentare di affermare la legittimità della propria natura profonda. E affrontare quindi la crudeltà dei sentimenti di colpa, che cercavano di trattenerlo dalla dannazione. Se il tentativo di ottenere maggiore libertà di movimento, con il corpo e con lo spirito, non riusciva a dare i frutti sperati, si inaugurava allora la grande stagione della contestazione adolescenziale, la stagione della rabbia in corpo, dell'uccisione simbolica del padre. Oppure, in direzione opposta, la stagione della sofferenza nevrotica in cui diventava smagliante il conflitto fra le istanze morali introiettate durante l'infanzia e il desiderio naturale che tentava subdolamente di accedere a qualche forma di soddisfazione. Edipo, in questi casi, doveva così rassegnarsi a sviluppare sintomi nevrotici di diverso tipo; e nel frattempo darsi da fare per tenere a bada l'esecrazione e le preoccupazioni genitoriali e scolastiche.

Naturalmente Edipo adolescente spesso se la cavava lo stesso: doveva solo entrare in clandestinità ed agire sotto banco, senza farsi accorgere dagli adulti di riferimento che stava infrangendo quasi tutte le regole che gli erano state impartite. Se, ogni tanto gli adulti se ne accorgevano, fioccavano i castighi e le sanzioni più volte minacciate. Queste, ovviamente, costringevano Edipo ad una clandestinità ancora più astuta, fino alla precoce fuoriuscita dalla casa del padre: precoce naturalmente rispetto alla lunga permanenza di Narciso nello spazio domestico e nella coabitazione con i genitori.

Poi è sopraggiunta la crisi dell'autorità del padre, l'inserimento massiccio delle donne madri nel mondo del lavoro, la famiglia è diventata mononucleare, il matrimonio e la nascita del figlio sono stati differiti, il numero delle nascite è drasticamente diminuito, i figli sono quasi sempre unici e quindi preziosi come tutto ciò che è raro, i rapporti di potere fra uomo e donna e quindi fra padre e madre sono stati riequilibrati, le figlie femmine hanno conquistato le pari opportunità ed è successo veramente di tutto in pochi anni, dalla crisi del sacro alla globalizzazione, dall'avvento della società «liquida» alla crisi della politica. In questo contesto in travolgente trasformazione, all'insaputa di tutti, ha preso piede la cultura del narcisismo e agli adolescenti non è parso vero di diventarne i più devoti interpreti.

Narciso adolescente è un personaggio saturo di futuro: conviene cercare di capirne le strategie e i progetti, poiché il futuro della nostra società è nelle mani di Narciso. Speriamo solo ci riservi una qualità di vita migliore di quella che ci hanno riservato Edipo e i suoi genitori.

Il successo sociale

Narciso, agli occhi della sua mamma e del suo papà, è geneticamente predisposto a socializzare molto precocemente.

Non è più, come Edipo, un bambino che aveva l'unico obiettivo di stare il più vicino possibile alla mamma. Era tanto dipendente da sua madre da sembrare che avesse come fine quello di tornare nel suo grembo, nostalgico del periodo trascorso nel pancione. Edipo non aveva alcuna voglia di uscire di casa, ed avventurarsi nello spazio sociale. Si pensava che inserirlo al nido o nella scuola materna fosse una manovra destinata a sollevare grande disperazione e il più fermo dei rifiuti infantili. I genitori avevano molte prove della determinazione di Edipo a volersene stare in casa il più possibile, a giocare nella sua cameretta o in cucina, vicino alla mamma, in attesa del ritorno del papà. Edipo era un bambino casalingo e mammone. Staccarlo dalla mamma era un sacrificio della cui gravità produceva convincenti testimonianze con pianti incontrollati.

Era difficile staccare Edipo perché la mamma era tutto per lui, sia che fosse maschio o femmina. La separazione era il suo incubo e gli altri bambini pareva non esistessero o che ne fosse geloso, in ogni caso non si pensava fosse capace di giocare assieme e condividere, ma che volesse tutto lui o non sapesse difendersi dai morsi e dai furti degli altri cuccioli più avidi e prepotenti di lui.

Edipo tramava nel corso della giornata come riuscire a rifugiarsi nel lettone della mamma, invitando il papà a trasferirsi nel suo lettino, celebrando il notturno trionfo di propositi di appartenenza esclusiva.

Narciso ha anche lui una notevole propensione a mantenere buoni rapporti con la mamma, ma non sembra solo questo il suo obiettivo relazionale. Narciso punta ad andare a giocare con gli altri bambini, avendo un profondo bisogno di relazionarsi con loro. Li cerca e, se li trova, si precipita a prenderli per mano e a fare amicizia. La mamma e il papà lo avvertono quando è il momento di inserirsi nella scuola. E lui ci va di buon grado, timoroso solo all'inizio, ma, una volta rassicurato, si avventa nello spazio di gioco e costruisce nuove importantissime relazioni. Narciso ha bisogno di diventare al più presto famoso e importante; di avere molti amici, molti inviti, spesso anche molte fidanzate o fidanzati. Narciso riesce a stabilire precocemente delle relazioni di amicizia con altri bambini e chiede alla mamma di portarli a casa, per continuare a giocare e, se fosse possibile, anche per dormire. Preferisce dormire con l'amico che con la mamma perché Narciso, oltre ad essere una animale simbolico, è anche un animale sociale precoce. Ha una competenza sociale innata, è abile nel sottoscrivere patti e relazioni di coppia e di gruppo. Si trova molto bene nella sua scuola e gli dispiace che venga la domenica perché non può andare a giocare con i suoi amici e proseguire il lavoro intrapreso con le maestre e le educatrici.

La mamma che lavora ha perciò bisogno di organizzare una buona separazione precoce e prolungata dal suo bambino. Non può che premiare questa dote originaria e favorirne lo sviluppo cercando di avvicinare il suo cucciolo a quelli di altre mamme. Ne deriva una socializzazione precoce di Narciso, che può così sviluppare il suo talento nel rendersi simpatico, socialmente visibile. E che può così godere di ciò che deriva dai legami di amicizia e di gioco in comune: cioè un nutrimento affettivo particolare, che soddisfa la sua esigenza di sentirsi riconosciuto.

Essere noto nella propria scuola, salutato da tanti altri bambini, invitato ai compleanni e alle feste dei compagni, benvoluto dalle altre mamme e premiato dalle maestre è proprio ciò che serve a Narciso per crescere bene. Non potrebbe farlo nell'isolamento sociale, avvinto alla mamma, giocatore solitario nella sua cameretta senza nessun pubblico. Il paradosso di Narciso consiste nell'avere un grande bisogno dell'altro. Ha bisogno di fan: di uno specchio sociale che confermi la sua unicità, il suo valore e la sua utilità sociale. Lo specchio di Narciso è lo sguardo dell'altro, il suo bisogno di giocare con lui, la disponibilità a stare sempre assieme. Narciso è molto contento quando ha successo sociale: l'amore e la devozione della mamma e del papà li dà per scontati. Però, per ottenere visibilità e successo sociale, è utile per Narciso imparare a comunicare e a servirsi di canali espressivi capaci di trasmettere il senso della sua unicità.

Ciò sospinge Narciso ad incamminarsi lungo la via del processo creativo e dell'uso delle arti, che gli mettono a disposizione degli strumenti per farsi intendere dagli altri e per ottenere il necessario riconoscimento. La sola parola rischia di non essere sufficiente per ottenere l'attenzione necessaria.

La famiglia

A differenza di Edipo, che veniva sospettato di voler sovvertire l'ordinamento della famiglia per imporre la realizzazione dei suoi segreti sogni perversi, Narciso è ritenuto dai suoi genitori fondamentale per la fondazione stessa della famiglia; e per una sua ottimale manutenzione.

Edipo tollerava male l'autorità dei genitori, soprattutto del padre, e anche se fingeva di sottomettersi alla legge e alle regole, covava fantasie incestuose relegate al piano dell'inconscio. Ciò autorizzava i genitori ad esercitare un controllo molto severo sui comportamenti di Edipo, il quale doveva essere aiutato a cancellare dalla mente quei sogni sovversivi, che avrebbero annientato la famiglia e le sue gerarchie. Edipo in fondo era famoso proprio per questo motivo: voleva riorganizzare la famiglia azzerando i poteri costituiti e mandare al potere le proprie fantasie perverse. Non che lo volesse fare veramente, se non nei casi in cui impazziva, ma si dava per scontato che sognasse incesti ed uccisioni simboliche.

Narciso invece è veramente un bravissimo figlio, e non gli passa per la testa nessuna delle fantasie sessuali che tormentano Edipo. Narciso è alla ricerca della mamma e del papà perché è programmato per attivare in loro competenze materne e paterne che possano aiutarli ad erogare quel tipo di relazione di cui ha assoluto bisogno. Narciso necessita della tenerezza; di quella particolare tenerezza che gli psicoanalisti definiscono «rispecchiante» perché sanno che Narciso ha bisogno di uno specchio speciale che gli rinvii un'immagine satura di valore affettivo, preziosa, importante. La tenerezza rispecchiante non è una dote naturale dei genitori, ma essi la imparano grazie agli insegnamenti relazionali che Narciso sa loro impartire: fa capire che ha bisogno di una prestazione complessa, che non gli bastano l'amore e la stima.

Narciso ha bisogno, da parte dei genitori, di uno sguardo di intesa profonda e commossa. Uno sguardo che dica quanto sia importante e con quanta intensità lo si osserva mentre cresce e sviluppa il suo autonomo progetto di sviluppo. La tenerezza rispecchiante è ciò che Narciso cercherà lungo tutto l'arco della sua crescita e, in molti casi, per tutta la vita. Non gli interessa il successo convenzionale, ha bisogno di un alimento raro, vuole essere apprezzato in profondità, sentirsi invitato ad esistere, valorizzato per la presenza indispensabile, ammirato per le doti naturali.

Narciso perciò cerca in tutti i modi di suscitare attorno a se questo tipo di atteggiamento. Non è un bambino dipendente; la sua autonomia e la sua solitudine laboriosa e creativa creano benevolenza da parte dei genitori e degli adulti che finiscono per trattarlo quasi alla pari poiché non chiede soddisfazione di bisogni infantili, ma offre prestazioni relazionali che sono quasi da grande. Ciò fa sì che si possa contare sulla sua capacità di identificarsi con le ragioni e le aspettative dei genitori e che lo si possa cooptare nel progetto di tenere basso il livello del conflitto in famiglia e sempre aperto il canale della comunicazione.

La madre e il padre di Narciso, in fondo, ringraziano il figlio di non essere troppo dipendente dalla loro presenza, quindi di saper utilizzare abbastanza bene il tempo da trascorrere insieme, che spesso è poco. I genitori che lavorano molto hanno bisogno che Narciso collabori attivamente all'uso di dosi minime di relazione reale, e che sappia sfruttare la lontananza fisica per costruire autonomia e responsabilità.

Narciso il più delle volte è contento di questa proposta. Anche lui concorda sul fatto che ciò che conta, nella relazione, è la qualità e non la quantità. Quindi si accorda per gestire assieme il clima affettivo della famiglia e fondarlo su di una trama di intese e accordi impliciti, di identificazioni con le ragioni del comportamento dell'altro, e sul riconoscimento della reciproca appartenenza, che non ha bisogno di concrete verifiche della sua esistenza.

Edipo, il piccolo selvaggio

Edipo non partecipava all'elaborazione delle regole che doveva rispettare. Gli adulti non si fidavano di lui e perciò gli chiedevano di obbedire e tacere; non era ancora venuto il tempo della negoziazione delle regole e della contrattazione dei castighi in caso di trasgressione.

Le regole erano molto rigide e severe; non venivano promulgate dai genitori, che si limitavano quindi a citarne di già esistenti. Non erano inventate in base alle esigenze della famiglia: ogni famiglia – di qualsiasi ceto sociale – rispettava le medesime regole e i bambini erano uguali rispetto alle regole.

Le regole erano molto severe e i castighi non erano reversibili; non era possibile discuterli, perché infrangere le regole non significava dispiacere ai genitori, bensì attaccare l'autorità costituita o la divinità che milioni di anni prima aveva rivelato agli uomini il comandamento. Cioè: un principio base, dal quale derivavano un grappolo di regole apparentemente spicciole, ma in realtà strettamente imparentate con l'ordinanza divina; o, comunque con una tradizione secolare, o con un valore che la gente del paese o della città aveva deciso di rispettare. E che, quindi, i bambini non dovevano discutere, ma rispettare tacendo.

Era inevitabile che le cose stessero così perché gli adulti erano sicuri che Edipo andasse sottomesso a delle regole fortemente collegate ai valori religiosi e culturali, perché la sua natura era radicalmente incestuosa ed assassina.

Edipo era un bambino in corso di civilizzazione, ma ancora molto esposto alla virulenza degli impulsi che covavano nel suo inconscio. Se voleva salvarsi dalla follia, o dal carcere, Edipo doveva imparare a sottomettersi alla legge morale, che gli appariva sotto forma di mille regole apparentemente crudeli, ma del tutto necessarie per civilizzarlo; cioè per convincerlo della giustezza della permuta fra la sua natura impresentabile e la cultura che lo circondava.

La saldatura fra regole domestiche e valori sociali condivisi faceva sì che Edipo si imbattesse, a scuola, in chiesa o all'interno di una qualsiasi istituzione, nelle medesime regole. E che capisse come non aveva né alleati né scampo: o si civilizzava, o sarebbe stato castigato. Ad Edipo non conveniva assolutamente correre il rischio di essere castigato poiché si sarebbe imbattuto in sanzioni molto dolorose e severe.

D'altra parte l'aver trasgredito alle regole significava aver offeso Dio, o lo Stato, o lo spirito della comunità, e quindi le sue sacre tradizioni collaudate dal sacrificio di mille generazioni prima di lui. Perciò era ben comprensibile che il castigo dovesse essere commisurato alla gravità dell'offesa, e alla sacralità dell'offeso.

Narciso oggi non potrebbe crederci, ma se Edipo non studiava, e non faceva regolarmente i compiti, veniva allontanato dalla famiglia, e chiuso in un collegio, nel quale rimaneva per anni venendo a casa solo a Natale, a Pasqua ed un mesetto in estate. Era il castigo supremo; ma anche gli altri non erano da meno: anche perché Edipo era esposto al rischio delle punizioni corporali che venivano ampiamente usate fino ad adolescenza inoltrata. E le infrazioni, che potevano sembrare infime (come ad esempio non mangiare tutto il cibo versato nel piatto), potevano far scattare delle rappresaglie estreme (come trovarsi il medesimo cibo nel piatto per giorni e giorni, fino a che la fame costringeva a mangiarlo).

Narciso, il legislatore

I genitori di Narciso non ritengono che egli abbia bisogno di molte regole. Non pensano di avere il compito di civilizzarlo riempiendo la sua testa di regole. E non vogliono ricorrere alle minacce di castighi, che d'altra parte non saprebbero né inventare né applicare. Sperano che Narciso, essendo orientato per natura a costruire relazioni e simboli, obbedisca per amore o, almeno, per rispetto ai suoi genitori. Perciò negoziano con lui alcune regole, contrattano delle procedure e minacciano qualche vaga sanzione in caso di trasgressione.

Narciso capisce che le regole vigenti in famiglia sono state elaborate dalla mamma e dal papà; ma sa anche di aver diritto ad interloquire sulla loro correttezza e adeguatezza, onde renderle confrontabili col patrimonio di regole in vigore nelle famiglie degli amici, cugini e compagni di scuola. Gli orari, le collaborazioni domestiche, l'esecuzione dei compiti e tutto il contesto familiare e sociale vengono negoziati sulla base della cultura del dialogo che vige nella famiglia di Narciso. Così lui sa bene di poter contare su un posto al tavolo delle trattative e delle decisioni.

Si tratta perciò di regole flessibili, poiché sono state elaborate abbastanza democraticamente e collaudate per verificarne l'utilità. Servono a far andare meglio le cose in famiglia, non sono «contro» qualcuno, sono «a favore» della comunità familiare nel suo insieme. Se si decide che si mangia ad una certa ora, e che è bello essere assieme, è evidente che può essere meglio così; piuttosto di mangiare tutti per conto proprio, ognuno in camere diverse davanti al proprio televisore, senza parlarsi e raccontare come è andata la vita fuori dalla casa. Però si tratta di una regola che non è saldata ad un principio o a un valore: non viene dall'alto o dall'esterno, bensì dal cuore stesso della famiglia. La famiglia può infatti decretare che è «cosa buona e giusta» cercare di sedersi tutti allo stesso tavolo, e alla stessa ora, per consumare assieme il pasto. Però se uno torna tardi da scuola, o se ha un impegno sportivo, o deve fermarsi a casa di un amico, basta avvertire in tempo. Non c'è problema: perché non è Dio (o un'istituzione superiore) a pretendere che si debba mangiare assieme.

Perciò le regole alle quali deve uniformarsi Narciso sono molto addomesticate e perfettive. Sono a misura della sua età e delle relazioni che intrattiene con i fratelli e con i genitori. I sociologi della famiglia sostengono che si tratta di «familismo morale»: ogni famiglia indice le sue regole ed esse valgono solo all'interno dello spazio domestico. Non sono regole sociali che valgono ovunque e per chiunque; hanno valore e sono applicate solo in quella famiglia. E ogni famiglia stabilisce i suoi orari, riti, ritmi scollando del tutto le regole dai valori e dai principi.

Narciso è contento così, non gli sembra affatto che non ci siano «paletti» nella sua vita, come sente dire dalla televisione e legge sui giornali. Gli sembra invece del tutto ragionevole che ci si debba mettere d'accordo, e che si debba cercare di non intralciarsi a vicenda con delle procedure che impediscono lo sviluppo, invece di facilitarlo. È anche disponibile ad ammettere che i genitori possano avere le loro idee, e le loro preferenze, ma non riuscirebbe a capire il motivo per cui queste idee debbano essere imposte. Non sarebbe neppure credibile che la mamma o il papà volessero a tutti i costi imporgli il rispetto di una regola stupida e inutile.

È in questo contesto che Narciso capisce come gli adulti lo lasciano libero di cercare la propria verità, incitandolo a capire cosa veramente desidera, e chi veramente egli sia. Può, e forse deve, mettersi alla ricerca delle proprie regole interiori, deve scegliere i propri valori: nessuno gli impone né la religione, né l'amore della patria, né di iscriversi alla federazione giovanile di qualche partito. Le regole sono semplici perché nessuno vuole sottometterlo a credere nel valore di un principio piuttosto che di un altro. Ciò lo sospinge alla ricerca di esperienze che lo aiutino a capire cosa desidera veramente.

Alla ricerca di sé

L'assenza di modelli di riferimento forti e la carenza di proposte invasive e perentorie (che invece circondavano Edipo durante la crescita), consente a Narciso di mettersi liberamente, e con calma, alla ricerca della propria identità. Sarà una ricerca lunga, che autorizzerà i denigratori di Narciso a rinfacciargli le incertezze e le contraddittorietà delle sue scelte, mai definitive, sempre reversibili. Narciso verrà criticato per la sua indolenza politica, per l'indifferenza nei confronti dell'economia e dell'organizzazione, per la mancanza di impegno nel sostenere proposte utopiche. Come invece faceva Edipo, che urlava nelle piazze il proprio sdegno per la prepotenza degli adulti, e la sua richiesta di cambiare tutto, e mandare al potere l'immaginazione degli adolescenti.

Narciso, immerso in legami liquidi e malleabili, nel pieno della crisi delle ideologie e del sacro, orfano delle filosofie della speranza, sente che può liberamente dedicarsi al culto del sé: allo studio paziente di ciò che è già e di ciò che vorrà diventare in futuro. Visto che non deve perdere tempo a difendersi dalle intrusioni esterne, e poiché non si preoccupa delle influenze che può avere sulla sua mente la tirannia delle immagini pubblicitarie e dei mass media, può dedicarsi a cercare se stesso nell'universo delle proprie emozioni.

Narciso cerca se stesso attraverso la registrazione delle emozioni che sperimenta mentre mette in scena il proprio temporaneo copione. Sperimenta diversi look e molte fogge, e registra l'effetto che fanno. Se avverte che quel *piercing* o quella colorazione dei capelli lo completa, portando alla superficie del corpo un frammento della sua identità interiore, allora registra quell'immagine e la mette in memoria. In attesa di altre intuizioni su ciò che veramente mostra la sua verità, e la rende comprensibile. A volte indossa un cappellino con la visiera rigida, che in parte oscura la piena visione del suo volto. E avverte che quel cappello è stato confezionato per lui, che fa parte integrante del suo schema corporeo; perciò lo calzerà sempre, anche in classe. Ci sono degli occhiali da sole che non servono a moderare la luce ma a completare l'identità di Narciso, che quindi li porta anche nei giorni di pioggia e nel buio della sala dei videogiochi. Gli occhiali da sole gli regalano l'emozione di potersi svelare quando vuole; ma anche di poter rimanere nascosto e misterioso per tutto il tempo necessario; quando si toglie gli occhiali scuri vuol dire che lui in quel momento è disponibile a parlare a quattr'occhi.

Narciso procede per tentativi ed errori, perciò spesso si corregge e disdice l'identità temporanea che aveva assunto sull'onda di un'emozione fallace. Cancella chi l'aveva imbrogliato, facendogli credere che imboccando quella strada avrebbe trovato più rapidamente la verità. Può contraddirsi quanto vuole, poiché nessuno pretende che sia coerente con dei valori assoluti. Nessuno pensa che debba prestare giuramento, o dare testimonianza della propria fede. Edipo non crederebbe mai che il mondo possa essere cambiato a tal punto: gli adulti non chiedono più ai ragazzi di genuflettersi e chiedere scusa, ma anzi li lasciano liberi di cercare se stessi. E, conseguentemente, di cambiare scuola, università, sport, coppia, gruppo e abbigliamento fino al giorno in cui sentiranno che il teorema della propria identità può essere chiuso, sia pure con qualche riserva.

Il contesto quindi è molto favorevole alla ricerca espressiva e creativa del sé; questo è sicuramente un fattore che gioca a favore della ricerca, da parte degli adolescenti attuali, di canali espressivi e di forme d'arte che li aiutino a capirsi meglio. A definire la propria incertissima identità, non più forgiata dagli adulti e da modelli educativi forti.

Da quando i genitori hanno deciso che il bambino sa molte più cose di sé di quante loro non ne conoscano, si sono messi in ascolto per capire chi sia veramente il loro bambino. E non vogliono forzarlo ad essere diverso da ciò che è già; né interferire con dei segreti piani di crescita e di sviluppo, che il bambino ha scritti nelle zone più profonde della propria mente. Narciso perciò non solo è lasciato libero di interpretare il proprio piano di sviluppo secondo le direttrici che gli sono proprie, ma è anche istigato dai genitori ad essere veramente se stesso, e a non perdersi altrove.

Narciso non potrebbe essere Narciso se il contesto non lo consentisse. Se il mondo in cui cerca di crescere fosse caratterizzato da una forte autorità paterna, e pervaso da principi e valori radicati, l'adolescente non potrebbe consentirsi di essere se stesso, ma dovrebbe mediare fra le istanze educative e quelle personali e temperamentali. Potrebbe «ribellarsi» ed essere ugualmente Narciso, ma sarebbe considerato una personalità patologica, e verrebbe punito, curato e, forse, rinchiuso in qualche comunità per ragazzi con disturbi della personalità. Si fa presto a interpretare molte istanze narcisistiche come sintomi di disturbo mentale: la società autoritaria non lascia troppo tempo ai giovani per cercare la loro identità, perché è già ampiamente noto cosa debbano diventare e cosa possono essere. Nel contesto attuale ciò che i ragazzi sentono dire di loro è che saranno la classe dirigente di domani, ma avvertono qualche dubbio in chi glielo sta dicendo. E comunque non sembra che questa prospettiva sia entusiasmante, poiché non è certo il potere che li attira. In un certo senso il potere lo hanno già, almeno quello che gli serve: la libertà. Ed è noto che le arti fioriscono nei contesti in cui c'è maggiore libertà.

Il tramonto del castigo

Narciso è doppiamente libero. Non solo il contesto in cui vive tace ed ha molto poco da imporgli, ma anche all'interno della sua mente non si odono ingiunzioni forti, minacce e direttive chiare e perentorie. Il vecchio e temutissimo SuperIo è taciturno nella mente di Narciso: ha pochissimo da suggerire e si rassegna a svolgere saltuariamente una funzione protettiva, quasi mai accusatoria o dissuasiva. Non minaccia castighi e non costringe a sentirsi in colpa, né prima dell'azione, né dopo la trasgressione. Quando parla è più un vecchio amico che un padrone terribile: ricorda le raccomandazioni della mamma ed i consigli del papà; ma lo fa in nome della loro ansia e preoccupazione, non a nome del tremendo repertorio di castighi che era ben noto, invece, ad Edipo. Oltre a dover fronteggiare nel mondo esterno una coalizione di padroni della sua vita, Edipo doveva anche farla franca con la quinta colonna interiore che lo sorvegliava e lo annientava con terribili attacchi a base di lancinanti sentimenti di colpa. La colpa lo costringeva a ricorrere alla sua prestazione preferita: chiedere scusa e accettare il castigo; prima di doversi punire crudelmente da solo, per delle colpe magari commesse solo nella sua fantasia.

La presenza nel mondo interno di pallide istanze morali consente a Narciso una libertà di movimento incredibile agli occhi di Edipo. Quest'ultimo non avrebbe mai potuto immaginare un mondo senza superIo, in cui potesse pensare di tutto, sapere di tutto, avere accesso ad ogni tipo di informazione e sperimentare ogni tipo di esperienza senza sentirsi in colpa prima, durante e dopo. Invece Narciso può accedere a sostanze di ogni tipo, sostare in ogni sito e venire in contatto con le proposte più audaci. Può consentirsi di ipotizzare qualsiasi tipo di preferenza sessuale, e parlarne liberamente con gli amici. Narciso è un libero pensatore, e capisce che i suoi genitori hanno preferito fargli correre il rischio di un certo disorientamento valoriale, piuttosto che fargli sperimentare il tormentone della colpa, e dei dolorosissimi conflitti interiori fra istanze morali e mondo dei bisogni e desideri.

Narciso non si sente in colpa e questa è una novità molto importante rispetto al funzionamento mentale di Edipo. Non dover impegnarsi a trovare delle scuse o dei buoni motivi per amare, pensare i propri pensieri e lottare per la realizzazione dei propri sogni mette a disposizione una notevole quantità di energie ma anche di ansie poiché diventa necessario avere le idee chiare, sapere ciò che si pensa e ciò che si desidera; non sempre ciò è agevole quando si è lasciati liberi e non si ricevono direttive né dall'esterno né dall'interno.

Edipo doveva fronteggiare le accuse che lo inchiodavano al compito di riscattarsi, e rivendicare la propria innocenza, o legittimare la propria sovversione. E forse era per adempiere a questo compito che raccoglieva le energie residue, e tentava la strada dell'espressione artistica e del processo creativo. Scrivere poesie malinconiche, o intonare il canto della rabbia giovanile, potevano aiutarlo a sublimare in versi gli istinti che urgevano alle porte della motricità. Istinti che comunque il superIo si incaricava di intercettare, chiedendo ad Edipo di provvedere a togliergli quella carica estremista, che li rendeva incompatibili con la legge morale. Edipo perciò si adoperava per sublimare istinti, passioni ed una consistente mole di sentimenti di colpa: chiedendo scusa a tutti di essere tanto sfortunato e miserabile da pensare ancora a quelle cose, e di desiderare ancora, nonostante tutto, quelle lubriche soddisfazioni del corpo e dello spirito.

Narciso non ha bisogno di scusarsi con nessuno: e perciò se imbocca la strada dell'espressione artistica e del processo creativo, lo fa per altri motivi, distanti dal voler ottenere il perdono o il permesso.

Fragile e spavaldo

Se è quasi sempre vero che Narciso non deve vedersela con l'ingombrante presenza nella propria mente del superIo che tormentava Edipo, è però vero che egli si trova alle prese con una struttura mentale che gli chiede moltissimo, creandogli notevoli imbarazzi. Non si tratta più di nette restrizioni, ma di nebulose aspettative: di bisogni di riconoscimento, di rappresentazioni ideali del sé e dei propri compiti, che congiurano a tenere sulle spine Narciso, che si sente in dovere di esserne all'altezza. Esse però non sono nitide e facilmente comprensibili, come invece le erano le ingiunzioni del superIo. Si tratta di promesse fatte dalla mamma e dal destino, dall'infanzia prodigiosa e dagli adulti, dal sé infantile onnipotente e grandioso, dalla spinta al successo del modello educativo, dal bisogno di essere bello e importante. Un insieme stratificato di aspettative e promesse, coniugate col ricordo dei memorabili successi ottenuti da bambino, prestazioni che facevano ben sperare su ciò che sarebbe successo qualche anno dopo, cioè adesso, nel cuore dell'adolescenza. Questa è l'epoca in cui le promesse debbono essere o mantenute o tradite, ed i debiti si pagano. Oppure bisogna dichiarare fallimento.

Le aspettative ideali di realizzazione, che Narciso ha ben impresse nella propria mente, costituiscono la struttura portante della sua filosofia di vita. È proprio in nome di queste aspettative che Narciso intraprende la sua ricerca: cerca la valorizzazione da parte degli altri che gli è stata promessa, e comunque a cui si è abituato fin da bambino; cerca il successo e la visibilità sociale; ma cerca anche una realizzazione interiore, una convincente costruzione del sé, che sia avvertita come sincera e preziosa, creativa e bella, da difendere da ogni tentativo di manipolazione e seduzione da parte del potere.

Gli obiettivi ideali sono però anche crudeli. Se non vengono raggiunti e se nulla rassicura sulla loro realizzabilità, Narciso è costretto a sperimentare una passione umana altrettanto dolorosa di quella che torturava Edipo: la vergogna del proprio fallimento parziale o totale, momentaneo o definitivo, reale o fantasticato.

Se Narciso non riesce ad essere all'altezza delle proprie ideali aspettative, che perciò è corretto definire narcisistiche, si mette molto male per lui. Perché la mortificazione che ne deriva, e l'inevitabile collezione di umiliazioni, rendono la sua vita un calvario. È proprio quando si ha occasione di condividere con Narciso la sua mortificazione, che si capisce perché il figlio dell'uomo tenti sempre di trasformare la vergogna in colpa. Mentre la colpa si cancella abbastanza facilmente, basta ripararla, chiedere scusa e accettare il castigo, la vergogna è pervasiva, penetra in tutti gli interstizi della mente, non la si dimentica mai. E produce una ferita che continua a bruciare, costringendo chi la prova a compiere imprese esagerate per riscattare il proprio onore, e ricomporre la bellezza della propria immagine.

2.
L'ADOLESCENTE DI OGGI: UN ANIMALE SIMBOLICO

Gli adulti che a vario titolo presidiano l'area della crescita adolescenziale hanno idee diverse su come funzioni la mente adolescente. La diversa rappresentazione dipende dal ruolo che l'adulto esercita.

Il genitore è portato a dare una rilevante importanza alla complessa gestione che il figlio deve effettuare dell'incremento spettacolare del desiderio sessuale e della componente aggressiva che lo sospinge a rompere il patto educativo e a trasgredire le regole fino ad allora condivise.

L'insegnante ha motivo di ritenere che la mente adolescente si apra a nuove modalità di funzionamento cognitivo, che pensi molto meglio e che sia in grado di apprendere e risolvere questioni molto più complesse di quelle che la scuola gli proponeva da bambino.

L'organizzazione sociale guarda agli adolescenti come a neo-consumatori e pone grande attenzione alle mode generazionali, mentre i sistemi di controllo sociale temono i comportamenti delle masse giovanili e la tendenza adolescenziale ad organizzarsi in gruppi con notevole propensione alla sfida e alla trasgressione, anche violenta, delle norme condivise.

Nella mia esperienza di psicoanalista di adolescenti raccolgo dati che mettono in primo piano un'altra fondamentale caratteristica della mente adolescente. L'incremento delle pulsioni sessuali ed aggressive è ovviamente un elemento che influenza decisamente il funzionamento mentale del soggetto postpubere ed anche il concomitante ed impetuoso sviluppo delle capacità cognitive regala alla mente adolescente capacità di astrazione mai conosciute prima, così come è innegabile che l'incremento del bisogno di socializzare con i coetanei sia ampiamente rappresentato nella mente adolescente e orienti i pensieri ed il processo decisionale.

Perciò hanno ragione sia i genitori, sia gli insegnanti, i poliziotti ed i pubblicitari a ritenere che gli adolescenti siano animali pulsionali, o sociali, o che vivono in gruppo. Eppure chi abbia occasione di intrattenere con loro una relazione finalizzata proprio ad esplorare il loro funzionamento mentale rimane colpito da un'altra caratteristica.

Ciò che colpisce maggiormente è lo straordinario bisogno di simbolizzare. A mio avviso l'adolescente avverte il bisogno di trasformare in pensieri e parole un mondo caotico e ricco. Avverte il bisogno di fare assolutamente chiarezza su ciò che gli sta succedendo, deve capire chi veramente sia e cosa davvero desideri e non vuole copiare la verità degli altri, cercando invece dentro di sé la verità, quella avvertita come interamente sua. Deve cioè prendere la trasformazione del suo corpo, l'acquisizione della capacità di accoppiamento sessuale e della capacità generativa e lo sviluppo delle masse muscolari e trasformarle in un'immagine mentale dotata di senso, capace di costituire la base della sua identità maschile o femminile. Vuole realizzare anche altri compiti ed in tutti si evidenzia la necessità di simbolizzare qualcosa di enigmatico, confuso, profondo, urgente e trasformarlo in desiderio, identità, valore di riferimento per la propria virilità o femminilità.

La mente adolescente è attraversata e dominata da questa esigenza, che per molti aspetti può essere vissuta come la ricerca della propria verità, dell'identità, del vero Sé. Quasi mai l'adolescente riesce ad essere soddisfatto della propria capacità di simbolizzare il corpo e le sue pulsioni ed allora si avventa sulle mode, costruisce idoli, sposa ideologie, compie azioni, produce sintomi.

L'insuccesso nella realizzazione soddisfacente della simbolizzazione del sé e del mondo produce molta confusione nella mente dell'adolescente e spesso anche una profonda depressione. Ambedue questi effetti sono le cause più vere e profonde dei comportamenti a rischio dell'adolescente che finisce per avventurarsi nelle condotte che gli vengono proposte dal contesto di vita, alla ricerca di esperienze forti ed intense che lo aiutino a capire chi è, oppure che cancellino la confusione e la tristezza sostituendole con qualche maschera (fra le quali quella del «cattivo» è utilizzata più frequentemente).

Mi sono perciò convinto che hanno ragione gli psicoanalisti e i neurobiologi che insistono nel considerare lo sviluppo dell'attività riflessiva e l'incremento dei collegamenti fra i neuroni le caratteristiche principali della mente adolescente. Anche in base alla mia esperienza l'adolescente è prevalentemente un animale simbolico, cioè costretto a costruire nuove rappresentazioni mentali del sé e del mondo, nuove connessioni, sfruttando le abilità della sua intelligenza completamente rinnovata rispetto a quella infantile.

Una nuova identità

Mi sembra davvero molto meno comprensibile considerare l'adolescente come un animale pulsionale, vittima della prepotenza degli istinti che lo mettono in conflitto col mondo dei valori e con le relazioni educative. In questa prospettiva infatti sparisce l'importanza che ha invece il fiero tentativo dell'adolescente non solo di mettersi alla ricerca del piacere e di tenere segrete agli adulti le sue mire, ma soprattutto quello di costruire una sua identità vera e peculiare, collegata a tutte le esperienze accumulate nel corso della lunga fase di dipendenza infantile dai genitori e dal mondo educativo. La forza delle pulsioni sessuali e aggressive sono al servizio di questo processo perché gli indicano la strada della crescita, verso l'indipendenza dagli adulti e la costruzione di una nuova identità. Le pulsioni sospingono l'adolescente ad uscire dalla casa e dalle relazioni dell'infanzia, a tentare di costruire nuovi vincoli e nuovi amori. Ad ostacolare questo percorso di crescita non è la forza dei bisogni, ma l'insuccesso nel processo destinato a simbolizzarli, a regalargli un senso e una dimensione affettiva, relazionale ed etica, in vista della loro integrazione con altre funzioni e dotazioni della mente adolescente.

Un nuovo corpo

Inoltre non sembra vero che la mente adolescente sperimenti strutturalmente sentimenti di colpa nei confronti della vivida accensione del desiderio sessuale, né che ci sia il timore di non gestire adeguatamente la capacità distruttiva che ha acquisito il nuovo corpo.

La mente adolescente non è in conflitto con il corpo e la sua nuova dotazione. Può accadere ma non è assolutamente la regola. Normalmente la mente adolescente costruisce un'immagine della nuova corporeità e si mette al lavoro per regalarle un copione da interpretare nelle relazioni affettive, sessuali e sociali. Può succedere che non riesca a simbolizzare né il nuovo corpo, né le sue esigenze ed allora la mente adolescente entra in stato di profonda sofferenza e si innescano forti tensioni che possono condurre ad un implacabile conflitto con la corporeità, con le gravi conseguenze che tale evenienza può comportare.

La caratteristica fondamentale della mente adolescente è, abbiamo detto, quella di costruire nuovi simboli. Non si tratta solo di simbolizzare il nuovo corpo e le sue strepitose dotazioni, ma anche di individuare le sue nuove mete. I nuovi oggetti d'amore della mente adolescente sono cruciali costruzioni simboliche: l'amico del cuore, il grande amore adolescenziale, i magnifici ideali tipici di quest'età sono il frutto di un incessante processo di simbolizzazione che finisce per costruire un nuovo mondo, nuove relazioni e nuovi valori. Se la mente adolescente fallisce in questo rimane dominata dalla prepotenza delle antiche istanze infantili e genitoriali e soccombe alla psicopatologia.

A venire in soccorso della mente adolescente, impegnata giorno e notte in questa faticosa quanto indispensabile simbolizzazione, sopraggiunge il processo creativo che mette a disposizione del percorso di crescita le sue ineguagliabili soluzioni. L'adolescente creativo nasce in seno ad una mente intenta a simbolizzare, ed accelera così la definizione dell'identità, delimita i confini, inventa le soluzioni più originali, libera dalla dipendenza e dalla sudditanza alle aspettative dell'ambiente, concilia esigenze contrapposte: insomma, crea il nuovo mondo. Questo è il motivo importante che costringe ad indagare la natura e il destino della creatività dell'adolescente concepito come animale simbolico, costretto a trasformare in pensieri il proprio corpo e il suo preoccupante destino biologico.

D'altra parte è ovvio che il processo di simbolizzazione sia affine a quello creativo e che l'uno nutra l'altro e ne costituisca un essenziale strumento di lavoro. Diventa allora importante l'ipotesi che l'adolescente possa essere rappresentato prevalentemente come un animale simbolico, con una spiccata tendenza ad utilizzare il processo creativo e che perciò sia utile indagare come funzioni la sua mente nell'atto creativo o di simbolizzazione piuttosto che pedinarlo mentre nasconde o rimuove parte dei bisogni sessuali. Non è la lotta contro i nuovi istinti che caratterizza l'adolescenza, ma al contrario l'uso che la sua mente ne fa per portare a compimento l'obiettivo strategico del progetto adolescenziale di crescita: costruire una nuova persona, un individuo autonomo, un soggetto padrone della propria mente, capace di raccontare la propria storia e di possedere un disegno preciso per il proprio futuro.

Il fallimento

L'insuccesso nel processo di simbolizzazione è un'evenienza drammatica durante l'adolescenza. Sono convinto che buona parte degli adolescenti in crisi con i quali ho lavorato nel corso della mia lunga esperienza professionale avessero come principale motivo di sofferenza e come causa profonda della loro crisi, una sorta di afasia simbolica, un blocco insormontabile della capacità di simbolizzare. Perciò sono convinto che la loro ripresa evolutiva, quando si è avverata, sia stata innescata da una ripresa della capacità di simbolizzare.

Risultava evidente che tanti dei ragazzi che avevano commesso reati anche gravi non erano riusciti a simbolizzare quale fosse il modo con cui potevano realizzare il loro profondo bisogno di separarsi dall'infanzia, o di riuscire a diventare visibili socialmente conquistando un minimo potere contrattuale all'interno della classe scolastica o del gruppo di amici. Lo scacco nel processo di simbolizzazione della nascita del loro sé sociale aveva determinato un ricorso ad azioni violente o prevaricatrici per trovare la soluzione al problema; erano diventati bulli della loro scuola o membri della piccola banda del quartiere periferico perché non erano riusciti a costruire nella loro mente la rappresentazione di un sé sociale alla ricerca serena del potere e del consenso. Al contrario, nella loro mente si era installata un'oscurità inesplorabile nei confronti dell'esito del loro percorso di crescita e una caligine nera si era impadronita della loro capacità di rappresentarsi il tempo futuro, facendogli temere di non essere capaci di realizzare il loro progetto. Il fallimento nella simbolizzazione del progetto futuro aveva prodotto il formarsi di una «fantasia di recupero maturativo», cioè della fantasia di potersi impadronire del potere e della fama con la forza o la violenza.

Mi è sempre apparso chiaro quanto anche molte ragazze dedite a forme di digiuno credano di poter risolvere il problema del valore della loro femminilità manipolando violentemente il corpo, e questo avviene a causa di un grave insuccesso nel processo di simbolizzazione del loro nuovo corpo erotico e generativo. Lo scacco nel dare la giusta rappresentazione ai valori a cui affidare la crescita della femminilità le sospinge ad abbracciare una condotta rischiosa che elude il problema creandone uno nuovo e drammatico, molto più complicato da risolvere di quello che inconsapevolmente si illudevano di poter superare rifiutando il cibo e il grasso.

Allo stesso modo, molti ragazzi che consumano troppe droghe sono vittime di uno scacco nel processo di simbolizzazione del loro dolore e del fallimento nel processo di soggettivazione.

Per qualsiasi tipo di crisi adolescenziale non mi sembra ci sia alcuna possibilità di ripresa evolutiva, se non si riapre il processo di simbolizzazione e se l'adolescente non riesce a conquistare rappresentazioni più nitide del sé. Ho avuto occasione di seguire adolescenti che erano riusciti a superare il blocco della capacità di ragionare nell'intimo sulle questioni, appassionandosi alla ricerca, all'interno della propria mente, di rappresentazioni utili da spendere nella vita di coppia e di gruppo.

La capacità di assumere importanti responsabilità nei confronti del proprio corpo, talento e futuro sono spesso l'esito felice di molte crisi adolescenziali che trasformano in risorsa un periodo doloroso e difficilissimo della crescita, regalando all'adolescente la capacità di simbolizzare anche contenuti profondi della propria mente. Ciò deriva dal fatto che a sostegno della fatica di simbolizzare si è accesa una capacità creativa che ha consentito di accelerare la ripresa, proponendo nuove soluzioni ad antichi problemi mai compiutamente risolti.

Le condotte a rischio

Nel corso delle crisi adolescenziali, ma spesso anche in un contesto di relativa quiete psichica e relazionale, gli adolescenti si dedicano a delle condotte definite «a rischio» dalla cultura degli adulti poiché mettono a repentaglio l'integrità fisica o il certificato penale. Si tratta di comportamenti che non tengono in alcun conto eventuali danni fisici e che inducono a ritenere che i ragazzi che li assumono siano o particolarmente audaci o imprudenti, oppure abbiano l'intenzione di sfidare la morte in modo dissennato, senza averne alcun timore, anzi sembrandone quasi attratti, come se si ritenessero dotati di superpoteri che garantiscono loro l'incolumità o l'immortalità in qualsiasi caso.

Ho avuto modo di studiare alcune condotte ad alto rischio e di farmi un'idea di quale sia la motivazione che sospinge alcuni ragazzi ad affrontare micidiali ordalie o delle sfide apparentemente insensate: posso testimoniare che si tratta di vicende tipicamente adolescenziali che trovano origine nello scacco della capacità di simbolizzare l'eventualità della propria morte.

Fra tutte le esperienze di sfida alla morte di cui ho dovuto interessarmi in questi anni di intervento – uso dissennato di droghe, acrobazie e ordalie in motocicletta, gare di resistenza sott'acqua o nel ghiaccio, mangiare o bere quantità mortali di cibo o di alcolici – ne voglio citare una che proprio per i suoi aspetti paradossali rende più comprensibili le motivazioni che sostengono la accanita ricerca del massimo di imprudenza.

Ho lavorato nel consultorio deputato a garantire un sostegno psicologico a chi abbia attuato gravi condotte auto-lesive o comportamenti suicidali, con adolescenti che avvertivano il fascino quasi ipnotico dell'incontro ravvicinato con la morte. Maschi e femmine di sedici anni che, sentendosi profondamente attratti a stanare la morte, le offrivano la chance di portarseli via, le si consegnavano quasi totalmente, riservandosi però qualche possibilità di rimanere in vita, poiché tuttavia non volevano morire. Sentivano il forte impulso di andarla a trovare, sperimentarla, diventare «quasi cadaveri», ma capaci di respirare ancora, almeno fino all'arrivo dell'ambulanza, della lavanda gastrica, o del chirurgo che cuce la ferita.

Adolescenti che non riuscendo a simbolizzare la morte dovevano andarla a trovare concretamente, guardarla negli occhi, e rischiare di diventare sue prede per sempre. Quando dicevo loro che avevano avvertito il dovere di uccidersi, ma che non volevano morire perché non sapevano cosa fosse la morte, e che sapevano solo come si fa ad uccidersi ma non riuscivano a simbolizzare cosa succedeva dopo, loro capivano benissimo di cosa stessi parlando e non trovavano affatto paradossale la loro condotta. A quell'età può succedere di aver voglia di uccidersi ma di non aver alcuna intenzione di morire, anche perché tutti i ragazzi che ho incontrato dopo un tentativo di suicidio manifestavano curiosità verso il loro funerale e progettavano di assistervi per verificare l'effetto che aveva fatto la loro morte.

In questi casi, purtroppo molto più numerosi di quanto si ritenga, è lo scacco nel processo di simbolizzazione della morte che costringe una certa tipologia di adolescenti a concretizzare il loro incontro non tanto con l'idea della morte ma con la sua orribile apparizione nella realtà concreta del corpo, che viene a tal fine manomesso con veleni, corde, coltelli e altri modi cruenti e, purtroppo, a volte letali.

3.
LA CREATIVITÀ DI NARCISO

Le ragioni dell'adolescente di oggi

È molto diffusa la definizione di «nuovi adolescenti» poiché appare abbastanza evidente come quelli che lo sono in questi anni siano spinti a percorrere il tragitto verso l'età adulta utilizzando mappe e traversando labirinti, affrontando rischi e utilizzando travestimenti, molto diversi da quelli sperimentati dalle generazioni precedenti.

«Nuovi» perché non più comprensibili da parte dei genitori, docenti, preti e poliziotti che utilizzano come chiave interpretativa il ricordo delle proprie adolescenze, ormai divenute «vecchie», tanto datate da essere oggetto di culto per alcune frange di adolescenti che collezionano musica, cappelli e felpe degli anni in cui il loro papà frequentava il liceo, cantava in coro ai concerti e dimostrava di avere la «rabbia in corpo» ed una «voglia matta» di mandare «l'immaginazione al potere».

La maggior parte delle nuove maschere, consuetudini e disagi è frutto delle immani trasformazioni avvenute nel loro contesto di crescita. Sono cambiati il papà, la mamma e persino i nonni, i fratelli sono quasi spariti, e sono diversi i valori, le regole, i castighi, i giocattoli, le vacanze. Forse la scuola è sempre la stessa, ma i ragazzi le hanno tolto il significato etico e perciò, anche se assomiglia a quella dei loro genitori, la usano diversamente; poiché una scuola senza significato simbolico è solo un edificio in cui al mattino ci si incontra tutti e si decide il da farsi.

Delle innumerevoli trasformazioni avvenute nel loro ecosistema affettivo, educativo e valoriale, e della ricaduta che il nuovo clima relazionale ha prodotto nel modo di rappresentare se stessi e la realtà, può essere utile concentrarsi su quelle che concernono il percorso mentale che siamo soliti definire «creativo».

Con il termine «creatività» si può fare riferimento all'emozione che sperimenta il soggetto allorché nella sua mente si insedia una nuova idea, che prima non c'era e che ha l'impressione di essere stato lui stesso a produrre. Non la subisce e non proviene dal mondo esterno; è nata in lui, figlia dei pensieri e delle passioni preesistenti, dei mille allenamenti, degli apprendimenti, dei tentativi falliti, della sensazione di avere rifatto mille volte l'identico, ed ora finalmente nasce qualcosa di nuovo.

A volte è un suono, a volte un verso, un segno sul muro, un passo di danza, un ghirigoro con lo *skateboard*: a volte è una parola, un colore mai visto prodotto dalla mescolanza degli spray, un goal segnato. Il processo in base al quale si forma una nuova rappresentazione di sé e del mondo e le modalità con le quali ciò viene espresso e messo a disposizione della propria generazione e dei posteri, segue percorsi diversi da quelli traversati dagli adolescenti delle generazioni precedenti.

Capire come possa succedere che un adolescente diventi creativo, quale sia il motivo legato all'età che lo costringe a tentare questa strada e come si realizzi all'interno della sua mente la complessa procedura che lo sospinge verso l'espressione, è una questione educativa di enorme interesse.

Gli adulti corrono il rischio, in caso di mancata consapevolezza del ruolo svolto dalla creatività in adolescenza, di disconoscere alcune comunicazioni o espressioni individuali o di gruppo. Gli adolescenti si convincono in tal modo che non vi è alcuna possibilità comunicativa fra le due culture, non perché quella degli adulti voglia imporsi autoritariamente, ma perché gli adulti «non se ne intendono», perciò non capiscono, non sono curiosi e pretendono di sapere senza aver chiesto di cosa si tratta.

Dei processi creativi in adolescenza e dei loro prodotti socialmente fruibili colpiscono soprattutto due fenomeni recenti.

Il primo fenomeno è la grande diffusione generazionale della tendenza espressiva, dei tentativi, individuali o di gruppo, di comunicare attraverso prodotti culturali ed artistici. Per il momento non disponiamo ancora di un censimento attendibile di quanti siano i gruppi musicali giovanili intenti a suonare la loro musica nelle cantine, nelle camerette insonorizzate, nei centri di aggregazione o nelle scuole, né conosciamo quante siano le *crew* operative nei territori metropolitani dedite agli esercizi necessari per imparare a scrivere il proprio nome d'arte sui muri della città in una replica senza sosta, di giorno e di notte, soprattutto su tutto ciò che fa parte e circonda le ferrovie e le metropolitane. Né sappiamo quanti siano e come lavorino i ragazzi che registrano immagini in movimento con i loro telefoni cellulari o con le telecamere e poi li spediscano sulla rete web.

Il secondo fenomeno concerne l'intenzione che promuove e per certi versi impone questo immane impegno espressivo generazionale.

Un tempo i giovani scrivevano sui muri o cantavano le canzoni degli altri per protestare, maledire, proporre un radicale cambiamento. Perciò le scritte e le canzoni erano violente, spesso trasgressive rispetto alla rigidità dei codici della società all'interno della quale i giovani cercavano di introdurre il cambiamento, avvertendo come inevitabile l'uso della forza per far sentire la propria voce. Ora invece l'intenzione non è violenta, di protesta o di proposta; i giovani non hanno nemici e perciò le loro produzioni artistiche ed espressive sono autoreferenziali, non sono contro gli adulti e le loro abitudini. Ciò rende molto complicato per la cultura degli adulti e degli specialisti in mode giovanili dare significato alle comunicazioni che salgono dall'universo adolescenziale. Basti pensare alla consuetudine diffusissima di «trasformare» la pelle che caratterizza questa generazione, che si tatua o infila piercing in ogni distretto corporeo costringendo gli adulti a capire che tutto ciò non li riguarda minimamente e non ha alcun significato trasgressivo.

Questi due fenomeni, la produzione diffusa di suoni, immagini, parole, danze, balletti acrobatici su tavolette a rotelle, e la scelta prevalentemente espressiva e non polemica o trasgressiva di tali comunicazioni, inducono a ipotizzare che gli adolescenti attuali siano più vicini alle esigenze dell'universo estetico che a quelle del mondo etico, che prevalga in loro il bisogno di esprimere più la verità affettiva interiore che la necessità di prendere posizione contro l'organizzazione sociale.

I giovani sono impegnati ad esprimere e cercare la verità della persona, non quella politica o sociale: è liberare il Sé ciò che conta, non l'altro.

Questo cambiamento di strategia comunicativa e di motivazioni personali e generazionali deve essere indagato perché non è certo una questione di poco conto capire se i ragazzi antepongono la liberazione del sé a quella della collettività. Ciò significherebbe che i valori di riferimento sono davvero molto cambiati e che l'atto creativo è figlio di bisogni e desideri diversi da quelli del passato.

Il desiderio sessuale non crea artisti

Naturalmente è poco probabile che siano cambiati i compiti evolutivi che l'adolescente deve riuscire a realizzare, poiché si tratta di appuntamenti invarianti dello sviluppo della persona, ma è senza dubbio diversa la ragione che sospinge l'adolescente ad utilizzare il processo creativo per crescere e superare le prove che gli vengono proposte dalla natura e dalla cultura.

Ai tempi in cui Sigmund Freud intercettava con la sua pionieristica ricerca sul funzionamento mentale le questioni connesse alla crescita dell'adolescente, appariva verosimile che egli avesse buone ragioni nel sostenere che l'incremento della pulsione sessuale fosse la causa principale della ricerca di espressione artistica. Ai suoi tempi l'educazione dei giovani era molto severa e la repressione della sessualità degli adolescenti era impresa ovvia da parte del dispositivo educativo. Gli adolescenti avevano perciò concretamente il problema di come soddisfare quel loro forte eccitamento che non riusciva a trovare nell'accoppiamento sessuale la sua legittima fonte di soddisfazione: si potevano stancare facendo ginnastica, come raccomandavano gli adulti, oppure sublimare le cariche sessuali dedicandosi all'arte e allo studio. Perciò Freud aveva in gran parte ragione nel sostenere che all'origine dell'arte adolescenziale ci fosse l'energia sessuale che, ostacolata dalla cultura dominante, era alla ricerca di soddisfazioni alternative a quella naturale.

Questa ipotesi freudiana sembrerebbe ancor oggi particolarmente adatta a rendere comprensibili i motivi che sospingono gli adolescenti a imbarcarsi in complicati sforzi in vista di produrre oggetti e forme di comunicazione che abbiamo valore artistico. Anche accettando solo in piccola parte il valore euristico della teoria freudiana, bisogna ammettere che nel caso dell'adolescente una teoria che ipotizzi quanto il suo problema centrale sia quello di gestire la prorompente forza dell'istinto sessuale e l'energia aggressiva non sarebbe del tutto destituita di fondamento.

Ipotizzare che la risorsa della sublimazione possa venire in suo soccorso, prima di essere sopraffatto dagli istinti, appare un'ipotesi plausibile e confortante. I ragazzi e le ragazze per raggiungere delle finalità socialmente apprezzabili potrebbero utilizzare l'energia della pulsione sessuale ed aggressiva, perché per loro fortuna hanno la caratteristica di lasciarsi facilmente distrarre dal perseguimento delle loro specifiche mete.

Insomma l'adolescente sembra essere particolarmente adatto ad essere confrontato e compreso attraverso le ipotesi freudiane sulla natura della creatività vista come sublimazione. Questa non è una difesa patologica, ma un meccanismo psichico che concorre allo sviluppo della civiltà mettendo al suo servizio la potenza della pulsione sessuale. In quest'ottica la frequenza con cui gli adolescenti scrivono poesie e diari segretissimi, suonano strumenti, usano il corpo per danzare o fare sport, si spiegherebbe col fatto che il surplus pulsionale verrebbe incanalato nel solco della sublimazione che è già predisposta per mettere la forza delle pulsioni al servizio di comunicazioni artistiche socialmente apprezzabili. Una volta terminata l'adolescenza, raggiunto il primato genitale e quindi una vita sessuale adulta, il soggetto non avrebbe più alcun bisogno di sublimare e perciò rientrerebbe nei ranghi delle persone convenzionali che non scrivono poesie, non tengono diari intimi, ballano solo nelle grandi occasioni e attaccano la chitarra al chiodo.

La tendenza creativa degli adolescenti dipenderebbe in ultima analisi dall'aumento del desiderio sessuale che, non potendo essere soddisfatto direttamente, si applicherebbe al processo creativo sospingendo il soggetto verso l'arte.

A dire il vero, discutendo con i diretti interessati, non ho mai avuto l'impressione che la sublimazione di cariche sessuali ed aggressive fosse una spiegazione interessante per la loro devozione all'arte. Inoltre in genere i ragazzi particolarmente creativi non soffrono di evidenti inibizioni sessuali e anzi sono spesso blandamente trasgressivi; perciò non sembra a prima vista che abbiano bisogno di sublimare proprio nulla. Ciononostante è vero che la teoria della sublimazione collega bene la fase evolutiva adolescenziale al processo creativo, mettendo in relazione gli ormoni con il desiderio di fare arte. Tutto ciò è molto interessante anche se, a più di cento anni di distanza, i ragazzi possono fare a meno di sublimare perché più consapevoli: se vivono un aumento della tensione sessuale ed aggressiva generalmente sanno cosa si debba fare e non incontrano impedimenti.

Il sentimento di colpa non è più di moda

Rimane comunque di un certo interesse l'altra interpretazione psicoanalitica concernente il massiccio impegno espressivo e le frequenti vocazioni artistiche in adolescenza. Essa sostiene che la vocazione artistica abbia come fonte di ispirazione il sentimento di colpa e che la creatività rappresenti un tentativo inconsapevole di porre riparo ai danni inflitti in fantasia alla madre o al padre costringendoli a subire il trauma della sua crescita che è anche ripudio e distacco da loro.

Gli adolescenti infatti devono decidere quale modalità da adottare per conquistare una maggiore autonomia rispetto ai genitori e agli adulti in generale, le loro istituzioni ed i loro modelli culturali, educativi e valoriali. È evidente la necessità e l'obbligo evolutivo di inventare nuovi valori, obiettivi ed identità: nuovi oggetti d'amore, pensieri mai pensati, bisogni e desideri mai vissuti, e conseguentemente nuove angosce, e significati da dare alla vita e alla morte mai immaginati.

Gli adolescenti di oggi però, a differenza degli adolescenti studiati dai pionieri della psicoanalisi nei primi decenni del secolo scorso, non vogliono «uccidere simbolicamente» il padre e la sua legge, per il semplice motivo che non hanno più alcun motivo di farlo. Né devono rinunciare a misteriosi e sotterranei complessi col genitore del sesso opposto, nei confronti del quale non nutrono più smodate e ambigue passioni, né lubriche tentazioni o sublimi e intimorite idealizzazioni.

I nuovi adolescenti sono occupati da ben altri pensieri ed emergono da un sistema educativo che non ha affatto l'obiettivo di farli sentire in colpa per i loro desideri e bisogni. Al contrario, la loro educazione infantile ha avuto come fine fargli credere che la cosa giusta e buona da fare sia essere se stessi, non come gli altri vogliono che tu diventi. Perché essere se stessi, cioè il bambino che sei, è meraviglioso; la natura ti sospinge a fare la cosa giusta, non a commettere orrendi peccati o spregevoli incesti o altri atti sovversivi e vandalici.

Oggi, gli adolescenti non hanno paura del castigo e non si sentono in colpa, perché gli adulti hanno abbandonato il sistema educativo della colpa e giustamente i figli non si sentono rei nei confronti del loro corpo e dei loro intimi pensieri. La crisi dell'autorità del padre e la nuova interpretazione del ruolo materno attivata dall'ingresso massiccio delle donne madri nel mondo produttivo, come abbiamo già avuto modo di osservare, hanno prodotto dei figli molto meno schiacciati dal conflitto edipico rispetto a quelli di una volta.

Tutto ciò consente di sostenere l'ipotesi che il processo creativo nell'adolescenza narcisistica non è finalizzato alla riparazione del Sé o dell'oggetto, secondo quanto afferma la disputa psicoanalitica tradizionale. Il processo creativo non sembra ascrivibile al rimorso per il danno inflitto all'oggetto o al tentativo di riparare la propria colpa ricostruendo e ridando vita all'oggetto, che si pensa deteriorato a causa degli attacchi portati in fantasia dal soggetto, o per invidia o come reazione alla sua supremazia e splendore.

Questa ipotesi, a dire il vero, apparirebbe particolarmente verosimile in adolescenza, fase del ciclo di vita durante la quale il soggetto è costretto, per crescere, ad attaccare lo «splendore» dei genitori idealizzati dell'infanzia. Sembrerebbe perciò comprensibile che si possa sentire in colpa e poi in dovere di ripararla attraverso gesti dall'alto valore simbolico.

In effetti molte espressioni artistiche adolescenziali, a livello di contenuto, sembrano alludere proprio a questa vicenda: da un lato una rabbia impetuosa destinata a lacerare ogni vincolo, dall'altro la nostalgia di un'appartenenza ormai sconnessa e la dolente consapevolezza della cacciata dal paradiso infantile che alimenta la solitudine dovuta all'essere rimasto orfano a seguito dell'uccisione simbolica dei genitori. La canzone o la poesia che ne derivano sembrano costituirsi come la produzione artistica di un processo creativo alimentato e promosso dalla colpa per la distruzione dei legami familiari.

Anche la perdita della silenziosa innocenza della corporeità infantile sembra spesso costituirsi come tema di espressione artistica più o meno ben riuscita. La malizia e il dolore, che conseguono la sessualità appena conquistata, sembrano parlare di un corpo attaccato e ridotto male, trasformato in quello di uno scarafaggio ripugnante, dedito a riti lubrichi, costretto dalla propria intrinseca natura o meglio dall'ignobile trasformazione subìta a sperimentare desideri e bisogni «sporchi». Si leva allora la canzone dedicata alla bellezza dell'altro confrontata con la propria presenza indesiderabile, condannata alla contemplazione dell'altrui bellezza, senza alcuna possibilità di scambio.

Se però non si tratta del tentativo di riparare il danno subìto o inflitto, se il processo creativo non ha questa finalità e non persegue questo obiettivo, allora cosa costringe il soggetto ad impegnarsi nella fatica di trovare canali espressivi adeguati per intonare il canto che potrebbe ridare simbolicamente vita all'oggetto perduto o nuovo splendore al soggetto deteriorato dalla propria incapacità di averne cura e portarlo verso la bellezza e la salute naturale?

La creatività e il futuro

Molto spesso nelle espressioni adolescenziali prevalgono i suoni musicali, la danza, l'azione violenta e rischiosa, audace e trasgressiva, il disegno del proprio nome, la manipolazione violenta e colorata del proprio corpo, la scrittura segreta, la comunicazione virtuale e spudorata, disegni, registrazione di filmati e fotografie da tagliare, incollare e ricomporre in nuove forme.

Perché questo ricorso a modalità espressive meno controllate e soggette al pensiero razionale di quanto non sia la parola e la comunicazione sociale convenzionale?

Credo dipenda dalla natura della ricerca in corso e dalla specificità dell'oggetto ricercato. L'oggetto è il futuro: il sé futuro, la vocazione e la destinazione, l'intima essenza, il destino scritto nell'anima, il proprio vero desiderio, il progetto scolpito nell'infanzia rinunciataria e sottomessa tutta da riscattare. Ecco perché c'è uno sforzo creativo di particolare intensità, costanza, ostinazione: bisogna davvero creare qualcosa di nuovo. C'è creatività, perché c'è di mezzo l'eventualità di rifare l'identico, di subire il destino imposto dall'oggetto, di essere risucchiati nel nulla del bisogno dell'altro, di essere quello che non si è.

La frenesia creativa dipende dall'oggettivo bisogno di un cambiamento, imposto dalla natura e richiesto a gran voce dalle centrali simboliche interne che propongono la crescita, la soggettivazione, l'acquisizione di nuove e mai sperimentate identità.

Questo mi sembra il punto centrale della discussione attorno alla creatività in adolescenza: essa non è rivolta a ricreare l'oggetto perduto o a riparare le manomissioni del Sé, bensì serve a dar vita al soggetto nuovo, dotato di un nuovo corpo e molto più preoccupato di costruire il proprio futuro che di sistemare le macerie del passato. Questa è la differenza ed è questo il motivo per cui il processo creativo ha un'irruenza particolare e cerca con passione ogni canale espressivo che possa essere messo al servizio della sua realizzazione.

L'allenamento

All'età di circa tredici anni avevo definitivamente capito che il mio futuro sarebbe stato quello di giocatore mondiale di basket. Non lo sapeva nessuno e i miei compagni di squadra non l'avrebbero sospettato in base al rendimento modesto e alle competenze rudimentali di cui disponevo. Credo che qualsiasi allenatore e *talent scout* non avrebbe puntato su di me come astro nascente e futuro campione; a nessun esperto sarei apparso come un giovanissimo ancora poco conosciuto ma dotato di capacità potenziali immense.

Invece io avevo intuito di possedere un talento nascosto nella profondità del corpo e dello spirito e che era mio compito ed interesse supremo portarlo alla superficie e renderlo palese: prima o poi si sarebbe visto. Nel frattempo l'azione più importante da compiere era l'allenamento. Mi sono allenato veramente: non saprei dire per quanti anni, forse due o tre, ma con un'intensità e una notevole devozione masochistica. Nel cortile di casa ero riuscito a fare installare un canestro regolamentare, con tanto di rete, che a quell'epoca si vedeva di rado solo nel campo dell'oratorio, e avevo formato una squadra di amici, anche loro esuli dal campo di calcio ove non erano riusciti neppure a vedere il pallone, proprio come era successo a me. Mi allenavo con loro, ma il vero allenamento, quello realmente efficace e pieno di futuro, era quello che facevo da solo, a tutte le ore, di sera, al buio, o male illuminato dalla luce del bagno lasciata accesa al primo piano. Con la pioggia, anche dopo la neve che in quegli inverni c'era sempre e durava a lungo per la strada e quindi anche nel cortile di casa, in mucchietti sempre più scuri e ghiacciati.

Il pallone era pesantissimo, viscido, spesso mezzo sgonfio, difficile da governare. Prendevo la mira da tutte le distanze, quelle ravvicinate ma anche quelle impossibili, di destra e di sinistra, col gancio, con due mani, da dietro la schiena, cercando senza mai riuscirci di schiacciarlo nel canestro. Mi esercitavo con indomita devozione, stanchissimo, ghiacciato oppure surriscaldato dal clima umido della mia città, ostile agli allenamenti dei giocatori di pallacanestro all'aperto.

Mi allenavo al suono della radiocronaca sommessa che io stesso facevo, esultando per conto di tutti gli spettatori virtuali quando il pallone si infilava nel canestro a seguito di un tiro indescrivibile, pressato dall'intera squadra avversaria, fingendo di corpo e alzandomi all'improvviso, rimanendo in aria tutto il tempo necessario per prendere la mira e produrre l'estasi del fruscìo del pallone che scivola nella rete del canestro, senza toccare né il tabellone di legno né il cerchio di ferro.

L'allenamento durava tutto il tempo disponibile, quello concesso dagli adulti. Il sentimento di colpa nei confronti della scuola e dei mille altri doveri inevasi a causa del basket era tenuto a bada dalla percezione di quanto fosse obbligatorio allenarsi bene e con costanza poiché enorme era il dovere nei confronti del campione virtuale che ero e del campione reale che sarei diventato: sempre che naturalmente mi fossi ben allenato per riuscire a tirare fuori, dalla profondità del corpo e dello spirito, il talento ancora poco visibile.

Tutte le volte che incontro o vedo ragazzi intenti ad allenarsi, mi ritorna intatta la memoria dell'accanimento con cui cercavo di creare un sé eroico nel cortile di casa, in qualsiasi tempo, a qualsiasi ora, contro ogni tipo di avversario.

Ne ho conosciuti tanti di ragazzi che trascorrono l'adolescenza ad allenarsi; ho conosciuto anche quelli che non si allenano perché troppo occupati dal presente per curare il sé futuro, che sono già allenati e i loro affari vanno benino, non hanno bisogno di creare nulla di nuovo, sono normali, non hanno debiti e non rivendicano crediti al destino.

Ci sono anche quelli che non si allenano perché hanno cancellato per magia il tempo futuro e si sono relegati in un eterno presente, non sperano e quindi hanno smesso di disperarsi e sono disponibili a qualsiasi impresa, tanto non debbono rispondere di ciò che diventeranno perché resteranno per sempre così, non cambieranno. Sono i ragazzi senza futuro, infelici e pericolosi perché un bel giorno potrebbero decidere di voler recuperare tutto in una volta il tempo che hanno cancellato, e dovranno compiere un'impresa grande, spesso troppo violenta, clamorosa, a volte crudele.

Allenarsi a segnare sempre i rigori, a fare canestri impossibili, a battere i record delle corse, dei salti, dei tuffi, delle velocità e delle resistenze, allenarsi a suonare uno strumento musicale, a disegnare la propria firma, a danzare anche sul cranio, a scivolare nelle onde, sull'asfalto, sulle rotelle, a tirare fendenti con le racchette e con le spade, a scrivere poesie, a disegnare cartoni animati, a giocare il ruolo, ad entrare in classifica nel gioco della *play station*, a cantare la propria canzone, allenarsi per diventare famosi e far conoscere il proprio nome in base alla propria bravura, alle competenze superiori, da campione: non è questo uno dei mestieri principali di molti adolescenti? Penso proprio di sì; all'adolescente interessa poco il bambino che è stato, anzi fa di tutto per non esserlo più e si vergogna se si accorge che qua e là lo è ancora un po'. Gli interessa invece ciò che diventerà, vuole saperlo, capirlo e allenarsi per poterlo diventare da campione; non per battere tutti gli avversari, ma per essere certo di nascere come soggetto sociale, visibile e prezioso, non invisibile, superfluo e capace solo di rifare l'identico senza mai inventare nulla di originale e stupefacente.

Ecco allora una dimostrazione sotto gli occhi di tutti e nella memoria di quasi tutti i maschi o di molte femmine, di come in adolescenza succeda che il soggetto venga ghermito da un bisogno pervasivo e profondo di dare vita a nuove forme del sé, quelle che si vedranno in futuro, che per il momento sono aurorali, incerte, ma solo a chi le guarda da fuori, non per chi ha gli occhi rivolti al proprio destino scritto nelle profondità dell'essere: è giunto il tempo di fare entrare in scena un nuovo personaggio, che vive in incognito, siede a tavola con i genitori che non sanno ancora nulla, si mescola ai compagni di classe travestito da coetaneo; ma che si allena e crea il futuro, cose mai viste per le quali vale la pena sacrificarsi fino allo stremo delle forze, perché è l'entità del sacrificio a poter rassicurare sulla bontà dell'intuizione che quella è la strada giusta.

Ricordo mio padre, quando attraversava il cortile e mi vedeva giocare da solo la finale, che si fermava ma non diceva quasi mai nulla. Una volta sola ha detto «bel tiro»; non me l'aspettavo, e sono quasi svenuto dall'emozione.

4.
LA DISTRUZIONE DEI LEGAMI

Narciso non ha alcun problema col passato, con l'infanzia, con i genitori, il suo solo problema è di essere diventato Narciso e di non poter più cambiare il suo destino: sa che deve anche ai suoi genitori la sua maledizione, perché sono loro che gli hanno messo in testa l'idea di avere una missione da realizzare. Ma di ciò non può far loro una colpa, poiché questo suo segreto statuto è ciò che lo valorizza maggiormente e costituisce il valore aggiunto dell'educazione che ha ricevuto: può un figlio volersi vendicare della devozione dei genitori e delle grandi aspettative di realizzazione del figlio?

Semmai Narciso può avere delle difficoltà a crescere, ad abbandonare l'infanzia privilegiata e ricca di soddisfazioni, di attenzioni, di tutele e di stimoli: come vedremo, in molti casi è proprio questo il motivo per cui è costretto ad usare la violenza. Non è capace di rendersi autonomo dai propri genitori senza provocare danni nelle loro menti; deve sradicare l'immagine del figlio meraviglioso alla quale sono avvinghiati e che egli sente essere uno dei tanti fattori di rischio che gli tolgono la pace e la possibilità di avere accesso alla tranquilla normalità.

Quindi la distruzione del vincolo con i genitori e la distruzione dei valori e delle tradizioni familiari e sociali sono un effetto secondario di ben altri attacchi ad altre basi e valori. Bisogna però dire che la distruzione narcisistica ha un carattere crudele che la distruzione edipica non ha; questa infatti è caratterizzata da un'ambivalenza che Narciso non conosce. Narciso ha bisogno di affermare la propria supremazia, di vedere riconosciuta la sua visibilità e di sentire avallata la propria differenza ed il diverso destino. Non sempre ciò succede, anzi si potrebbe dire che non succede quasi mai perché le sue aspettative di rispecchiarsi e di riconoscersi sono talmente frenetiche ed elevate che è ben difficile che riesca ad ottenere ciò di cui ha immenso bisogno. La sua rabbia ed il suo bisogno di distruzione derivano appunto dalla frustrazione delle sue istanze narcisistiche; sulle rovine che creerà suonerà la sua cetra e intonerà il suo canto, ebbro di vedere distrutto ciò da cui dipendeva il suo riconoscimento e che stentava ad accorgersi di quale fosse il suo implicito dovere.

Narciso perciò deve distruggere ciò che lo minaccia: la dipendenza amorosa da un altro essere vivente, l'appartenenza a un gruppo, l'antico desiderio di mamma, di papà, della famiglia. Narciso si sente minacciato da qualsiasi desiderio possa sperimentare, poiché esso può non venire soddisfatto o esposto alla dolorosa attesa di un sì o di un no.

Narciso nega le istituzioni

Narciso, fragile e spavaldo, quindi deve distruggere l'importanza delle persone e delle istituzioni che lo circondano, facendogli sperimentare aspettative e chiedendogli di erogare le prestazioni necessarie al suo definitivo riconoscimento e incoronazione.

Narciso sente che la scuola deve perdere il suo prestigio rivendicato abusivamente: non ne ha alcun merito, gestita com'è da un branco di mercenari squattrinati, e non ha diritto di erogare giudizi poiché i docenti non sono stati preliminarmente avvalorati e ritenuti idonei a formulare valutazioni senza avere alcuna conoscenza dei meriti nascosti.

Agli occhi di Narciso il modo di gestire il proprio ruolo da parte del padre e della madre appare impari al suo rango e spesso deve disdire la discendenza da una famiglia che non lo merita e non lo riconosce. Narciso si è autogenerato; quando era un bambino era figlio di sua madre e di suo padre, ma come adolescente si è costruito e ha creato da solo i propri pensieri, i suoi gusti indiscutibili, le propensioni originali e per nulla in linea con le aspettative della grigia famiglia nella quale ancora soggiorna con malcelato disprezzo. Soprattutto quando si trova nell'imbarazzante situazione di dover chiedere del denaro, permessi, o mezzi per realizzare la segreta missione di cui nessuno deve chiedere lo scopo e il senso. Perché si vedrà, si capirà qual è e allora dovranno ricredersi e ammettere la superficiale ignoranza e supponenza con cui, a suo tempo, avevano frapposto ostacoli all'adempimento di quella missione, invece di sponsorizzarla in silenzio.

Agli occhi di Narciso il gruppo dei coetanei costituisce la maggiore preoccupazione: poiché non può rinunciare al proprio pubblico e al rifornimento narcisistico che gli fornisce, ma avverte la fatica dello sforzo seduttivo e la falsità cui è costretto per garantirsi l'appartenenza, che d'altronde gli è necessaria per ottenere la fama e la visibilità di cui ha un profondo ed inestinguibile bisogno. Perciò deve tollerare la fatica del travestimento necessario ad occultare il suo diverso destino. In alcuni casi Narciso riesce a conquistare il potere all'interno del gruppo, uno strano dominio carismatico, ma temibile per la sua sostanziale incomprensibilità ed imprendiblità. Perciò Narciso distrugge le funzioni evolutive del gruppo e attacca a fondo l'importanza della condivisione del progetto comune, ma lo fa con destrezza, inducendo la mente del gruppo ad eternizzare il presente, a negare l'importanza della crescita, della differenza fra le generazioni, il bisogno di allenarsi poiché non si è ancora competenti ed è necessario per crescere accettare la dipendenza dai precettori, educatori, allenatori e mèntori. Narciso a volte riesce ad istigare il gruppo ad adottare dei comportamenti distruttivi degli emblemi adulti mediante atti vandalici, sfide trasgressive finalizzate a produrre danni al corpo o alle proprietà altrui.

Anche nei confronti del nuovo oggetto d'amore eterosessuale dell'adolescenza matura, Narciso ha grossi problemi. Ne ha un bisogno disperato, e non si esagererà mai abbastanza nel sottolineare l'importanza, il prestigio e i rischi colossali che l'amore adolescenziale riserva a Narciso, alla sua permalosità, alle sue pretese inesaudibili. E la rabbia furibonda che sperimenta attraverso microferite che fanno emergere la sua intima fragilità e la sua smisurata dipendenza dall'oggetto d'amore di cui per altro si ostina a negare l'importanza. Tutto ciò mentre ne soffre e si dispera, sbigottito per l'intensità del suo amore e quindi del suo dolore, nonché della mortificazione per essersi ridotto in questo stato. Quindi spesso Narciso è costretto a distruggere l'oggetto d'amore all'interno della propria mente e a deludere radicalmente le aspettative da lui stesso fomentate nella mente dell'adolescente coinvolto in una relazione di cui ignora la trama segreta e che lo renderà vittima di una conclusione imprevedibile per la sua ferocia sprezzante e per l'azzeramento del significato di tutto ciò che è successo.

Narciso quindi è dedito per sua intrinseca natura ad estese e crudeli distruzioni; la sua bellezza unica si fonda sull'asservimento degli altri e della realtà che deve essere piegata con la forza o con la seduzione alla soddisfazione delle sue sempre crescenti esigenze di rispecchiamento e valorizzazione al fine di aumentare la sua fama. La distruzione è però autoreferenziale ed avviene prevalentemente in uno scenario intrapsichico.

È nella propria mente che Narciso annulla l'importanza dell'altro, della crescita, della differenza, che decide di liberarsi di ogni dipendenza distruggendo gli oggetti d'amore della propria infanzia e dell'adolescenza. A volte ha bisogno di concretizzare l'impegno distruttivo anche con gesti rivolti alla realtà esterna, ma se lo fa è perché è in crisi la sua politica abituale, solitamente poco attratta dall'eventualità di modificare l'ecosistema in cui vive. Poiché ne nega l'importanza e ne azzera la capacità di deluderlo o di farlo soffrire, per Narciso non ha alcun senso darsi da fare per modificare una famiglia, o una scuola, o un'organizzazione sociale: non gli appartengono e non possono avere nulla a che fare con la realizzazione della sua missione. Il disinteresse sociale, politico, l'indifferenza aristocratica nei confronti della valutazione scolastica sono modalità tipiche dello stile relazionale di Narciso, che non distrugge con le molotov, né si traveste da kamikaze nella vendetta splendida del martirio.

Narciso non ha concezioni modeste di ciò che significa distruggere per poter costruire la nuova persona e il nuovo mondo: egli infatti sa togliere interesse al mondo e alla crescita, azzerarne il valore, negare al proprio interno l'importanza della realtà e porre il Sé al vertice delle faccende di cui decide di occuparsi con abnegazione se il premio è la fama ed una grande, immensa quota di visibilità sociale. Tutto ciò è rilevante, non il gesto di banale cattiveria distruttiva nei confronti della mamma o del papà: è andare a scuola da adolescente senza indossare il ruolo mortificante di studente che distrugge l'edificio simbolico della scuola rendendola risibile.

È in questa accezione che si colloca il discorso sull'importanza della capacità distruttiva nell'adolescenza. L'adolescente, narcisisticamente fragile e perciò spesso spavaldo, usa lo strumento della distruzione per aprire le porte al processo creativo e proprio per questo motivo rischia di esagerare e rimanere catturato dal piacere che ricava nel vandalismo della cultura, del linguaggio e della produzione simbolica, quando rimane prigioniero dell'azione povera, rude, cattiva e disperata.

Può anche rimanere passivamente catturato nel regno della noia priva di azioni perché orfano di motivazioni, immobile per l'incapacità di attaccare e distruggere ciò che lo invischia nelle litanie narcisisitiche, che negando il tempo fanno invecchiare, e tutto il piano di crescita rimane allo stato di progetto: in pratica si vive e si pensa come sempre, cioè non da adolescenti ma da bambini vecchi.

Narciso e la mamma

Narciso d'altra parte non è innamorato dei genitori, né prova nei loro confronti il terrore della disapprovazione, dell'abbandono, della ritorsione crudele. Narciso è diventato tale e si comporta in base al progetto previsto, proprio perché è stato autorizzato implicitamente da almeno uno dei due genitori a puntare tutto sulla propria competenza e autonomia. Almeno uno dei due gli ha rilasciato la licenza speciale di non lasciarsi carpire e di sentirsi alla pari, corresponsabile della conduzione della vita affettiva familiare, coinvolto nella gestione delle emozioni espresse e dell'umore dei componenti della famiglia.

Narciso era così anche da piccolo solo che non lo si vedeva e non lo sapeva neanche lui, capiva solo che c'era una certa differenza rispetto agli altri bambini, a volte anche una certa inferiorità anche se lievemente poetica, graziosa, che commuoveva le mamme e le zie, spettatrici coinvolte da una crescita un po' speciale.

La progressiva diminuzione di importanza del vincolo con la madre non ha come obiettivo centrale l'immagine, o lo splendore, o la terrificante freddezza della madre, ma colpisce duramente la relazione del bambino con la madre, le aspettative ed i miti affettivi che sono nati in quell'ambito e che hanno costituito il trampolino di lancio del dialogo successivo. Narciso adolescente è furibondo proprio contro la relazione con quella madre e le insostenibili aspettative del bambino che è stato: deve annichilire quella relazione, non la madre, o le aspettative del bambino, ma quello specifico ambito, quel clima relazionale, il suo dolore immenso, la trepidazione, l'attesa, la delusione intollerabile, la rinascita dell'illusione, la certezza dell'esistenza della complicità estrema. La nostalgia troppo forte di ciò che non è neppure successo, ma stava per succedere ed è stato rinviato. Ora basta, è finita per sempre, mai più quello strazio e quell'insolente strapotere sulla propria mente.

Narciso adolescente deve liberarsi persino del ricordo di ciò che è successo e poter dichiarare che così ha voluto che fosse, che è stato lui da solo a capire il proprio destino e lo ha rivoluto, che la relazione con la madre e le sue implicite e pervasive promesse non c'entrano nulla con la solitudine, la diversità, la fame dolorosa di riconoscimento, di rispecchiamento, di essere amato bene e mai più così.

A volte Narciso non riesce ad annientare l'immane potere di quella sfera relazionale e delle sue eterne suggestioni. Qualcosa rimane ed è sufficiente anche qualche brandello di quel clima perché debba ostinarsi a volerne negare l'importanza, mentre continua a trepidare per l'impossibile riconoscimento e il mantenimento della promessa. Ormai non è più possibile, la promessa non deve e non può essere mantenuta; è la sua adolescenza che lo trascina lontano dalla realizzazione del sogno, dalla soddisfazione di vedere compiuto il patto sottoscrivendo il quale si è giocato la vita stessa e la sua infelice solitudine affettiva.

Sempre in attesa di colei che non verrà: questa è la verità che Narciso scopre nell'adolescenza e ciò lo istruisce sul non dare mai più tanta importanza a nessuno.

Perciò la grande bugia deve essere smascherata e ogni traccia della sua esistenza deve essere cancellata dalla mente. Ciò consente a Narciso adolescente di essere a volte ben educato con la mamma perché ogni ritorsione sarebbe la prova della delusione patita. A volte però la mamma di Narciso diventa il bambino che lui è stato e le vengono somministrate le medesime torture che lui ha patito. Sarà la mamma a rimanere in eterna attesa del miracolo che non verrà, mentre ogni giorno fioccano le delusioni, le microfrustrazioni ambigue, mai tali da rendere definitiva la delusione nei confronti del bambino prodigioso, più che sufficienti però per provocare un dolore persistente, una delusione costante, un sentimento di perdita mai rimpiazzata come garantito dalle ambigue promesse di devozione di cui non si serba neppure memoria.

Lunghe attese, sparizioni e ricomparse, morti apparenti e resurrezioni imprevedibili, l'incertezza costante rispetto al mantenimento dei patti sottoscritti, banali ma importanti perché divenuti l'ultima spiaggia di una contrattazione ridotta al lumicino, ma soprattutto l'incomprensibilità della sua mente, la sua enigmaticità oscura, insondabile, imprevedibile, perturbante; molto più che misterioso il figlio diventa «diverso però simile», se lo si guarda da vicino è lui, ma è diverso, è cambiato, sembra invecchiato, ma a volte sembra un bebè. Narciso è maestro di ambiguità, riesce a fare impazzire di incertezza e di false speranze la mamma, la tiene sempre sotto controllo con la coda dell'occhio senza farsi accorgere, neppure da se stesso.

La fine dell'illusione

La distruzione quindi riguarda ciò che è avvenuto fra la mamma e il bambino in una lunga fase di dipendenza reciproca; ciò che è avvenuto in quello spazio e in quel tempo è qualcosa di molto concreto, è una struttura mentale, si tratta di un bambino prolungato nel tempo, del presente che si estende verso il passato; è una struttura mentale autonoma, svincolata da tutto e da tutti, fuori dal tempo e dallo spazio domestico, trasversale, che c'è sempre stata, inalienabile eppure falsificabile all'infinito, nulla di scritto, tutto sulla parola. Madre e figlio si appartengono, si guardano e si aspettano, ma fanno finta di nulla, come due innamorati che non vogliono farsi accorgere dagli altri della loro relazione segreta, che tutti conoscono ma fingono di non sapere; una tensione continua, dolorosa e pesante da tollerare eppure senza alcuno sfogo perché appartiene al futuro, è nel tempo successivo che si espliciterà il vantaggio della rinuncia alla coccola presente, inutile merce di scambio, efficace per bambini qualsiasi ma non per quel bambino speciale che può imparare a fare a meno di qualsiasi rassicurazione presente.

Nella sua mente, Narciso vuole annientare persino l'odore di quel bambino solitario e carismatico. Questa è la più devastante e crudele delle distruzioni cui Narciso si dedica per molto tempo durante la sua adolescenza. È un processo che si protrae nel tempo perché la struttura originaria si è incuneata nella mente e tende a riprodursi anche quando può sembrare che la quantità di dolore necessaria per stanarla sia stata tutta sperimentata, fino alla più radicale solitudine, all'immersione nelle sabbie mobili della noia e del disprezzo ove si perde la speranza di tornare in possesso del desiderio smarrito. Alla fine, Narciso riesce quasi sempre nel suo intento grazie ad un marchingegno che aiuta tutti gli adolescenti, ma che lui porta alle estreme conseguenze finalizzandolo al suo scopo: sgonfia la maledetta struttura onnipotente narcisistica infantile e pompa fino al limite della rottura la struttura narcisistica adolescenziale che è molto meno onirica, più vicina all'egoismo che al masochismo e che costituisce il rovescio del medaglione narcisistico. Ispessisce la corazza e la barriera di contatto col mondo sia interno sia esterno, e si libera del sogno impossibile.

Quando fallisce e rimane a metà strada di questo processo i guai sono molto seri perché non ha alcun vantaggio e si accumulano invece gli svantaggi delle rinunce necessarie per rispettare la «dieta» narcisisitica.

Distruggere però quella struttura consente di fare capolino nel presente, sia pure in modo distratto e inattuale, per dare un'occhiata e vedere l'effetto che fa. Narciso adolescente adesso ha fame: pensa al futuro ma sa che deve rifornirsi ora e subito di coccole e giochi, non lo ingannano più con la promessa di un futuro d'amore costringendolo intanto ai lavori forzati. Si mette in condizioni di ottenere fama e successo, non sottintesi, ma concreti, socialmente verificabili e quantificabili.

La mamma ora è in panchina, è una riserva, la si chiama in causa se serve un applauso pur sapendo che sarà di cortesia. L'intesa e il rispecchiamento magici di un tempo possono diventare ora e subito, in modo concreto e quasi reale, riconoscimento, successo, fama acquisita con ogni mezzo, anche illegale, non conta come, ciò che conta è che non ti freghino più con le promesse ambigue; ora devono parlare chiaro e se c'è intesa e devozione deve essere evidente che è così e devono essere anche chiari i motivi dell'intesa ora che non deve più essere segreta, ma detta e palesata.

La trasformazione del narcisismo infantile in forme estreme di egoismo adolescenziale è la prospettiva più promettente per gli sviluppi successivi; certo, non è un evento frequente in quanto spesso succede che al narcisismo immaturo segua una forma solida e priva di qualsiasi promessa di narcisismo adolescenziale che inibisce lo sviluppo della relazione affettiva e blocca l'apprendimento di come funziona la mente dell'altro, competenza che se non si acquisisce in adolescenza diventa poi difficile da recuperare.

D'altra parte se Narciso adolescente non devastasse la struttura immatura che l'ha imbozzolato e tenuto in vita nei lunghi anni della dipendenza infantile, non potrebbe realizzare nemmeno in forma approssimativa i compiti evolutivi che l'aspettano, soprattutto quello della separazione dal genitore. È ovvio che, se osservato da media distanza, può sembrare che Narciso si limiti a distruggere e che si diverta a disprezzare tutto ciò che di bello e di sacro egli è stato, e con lui la famiglia e l'intero ecosistema di cui ha fatto intimamente parte.

La distruzione del narcisismo immaturo e il passaggio alla forma molto evoluta del narcisismo adolescenziale è quindi un passaggio altamente favorito dalla capacità di distruggere e attivare contemporaneamente, o in rapida successione, i processi creativi che cominciano a costruire il sé adolescenziale in modo da evitare che venga annientato il bambino e che al suo posto non si intravvedano che promesse vaghe e ombre pallidissime di adolescenti esangui e incerti.

5.
NARCISO E LA NOIA

Le nuove relazioni

Narciso cresce non solo in bellezza, ma in sapere e persino nella capacità di amare e farsi amare, seguendo un percorso strano ed enigmatico. Smette di essere adolescente rimanendo però Narciso, ciononostante o forse proprio per questo motivo, adatto ad inserirsi e competere nella società del narcisismo.

La sua peculiarità consiste nell'attribuire agli altri un'importanza quasi nulla. Vuole decidere con la propria testa e sopravvaluta l'importanza dei propri contenuti, ma tutto ciò è coerente con il disegno strategico che lo contraddistingue: deve realizzare il suo individuale piano di sviluppo, mettersi al riparo da indebite intrusioni e non sottoscrivere pericolose dipendenze che potrebbero confonderlo. Tutto ciò ha un prezzo elevato. L'adolescente di oggi per un certo periodo è condannato a rimanere solo e a non desiderare nulla in modo intenso. Perciò si annoia: non riesce a dare un nome all'azione da compiere per essere contento e si aggira in mezzo alle macerie delle attività e relazioni che lo appassionavano e che ora non gli dicono più nulla.

Le distruzioni simboliche che Narciso effettua nella propria mente non sono infatti finalizzate solo ad accumulare macerie e rimanere senza nulla, nella più stolida delle solitudini, quella che sperimenta il bambino dopo aver distrutto i giocattoli perché li odia in quanto diversi da come li vorrebbe.

Narciso distrugge l'importanza del passato e delle aspettative dell'altro, per erigere un monumento al suo futuro, all'uomo nuovo che diventerà, espressivo non più etico, estetico non più colpevole. Una bella persona, socievole e relazionale, musicale, capace di innamorarsi, abituato a stare in mezzo agli altri, cittadino del pianeta, globalizzato, che si sente a casa sua ovunque, poiché abita dove tesse le relazioni. Il gruppo con cui vive di giorno e di notte diventa la sua famiglia.

È impresa difficile descrivere il percorso di crescita che Narciso realizza attraverso la distruzione del già noto, del familiare, della coppia convenzionale, del futuro pattuito, dell'identità di genere e sessuata dotate di quei valori e caratteristiche che gli sono state consegnate dalle generazioni precedenti. Narciso trasforma il mondo di Edipo che viveva di sotterfugi e sottintesi non potendo mai rischiare di dire la verità temuta, impastata di sessualità e aggressività.

L'adolescente di oggi è spudorato, nel senso letterale del termine: abbatte la barriera del pudore in modo deciso. Il reciproco accesso ai genitali fra maschi e femmine è rapido, precoce, ovvio e facilita una sessualità abbastanza spensierata e comunque non minacciata dalla paura della punizione che incombeva su qualsiasi manovra erotica tentata da Edipo. Narciso non deve lottare fra le spinte pulsionali e le remore etiche, in cui era invischiato Edipo, che era loro schiavo e perciò costretto ai più acrobatici compromessi pur di accennare ad una soddisfazione del desiderio.

Narciso semmai fatica ad accettare che la spinta sessuale sia una faccenda importante, veramente desiderabile, profondamente vera e non invece, come in realtà sospetta, un trucco per irretirlo in qualche forma di dipendenza pericolosa o la promessa di un premio aleatorio per indurlo ad accettare la mortificazione del corteggiamento e delle manovre seduttive.

Narciso è costretto ad essere incerto sulla veridicità del proprio desiderio sessuale, ed è indotto ad interrogarlo per potersi fornire di una risposta che lo aiuti ad intraprendere l'azione. Il fatto che sia il corpo a volerlo spingere a desiderare, così come a indurlo a comportamenti sociali finalizzati all'accoppiamento, non è per lui una garanzia di autenticità poiché Narciso dubita che la natura sia attendibile e gli sembra che assecondare troppo le istanze naturali sia un po' squallido, privo di eleganza e di raffinatezza. La sessualità non deve scadere nella replica, priva di originalità, di comportamenti poco qualificanti perché adottati da tutti.

Proprio queste investigazioni sull'autenticità del proprio desiderio e la raffica di dubbi che deve superare per avere accesso alla decisione, aiutano Narciso a conquistare una raffinata capacità di definizione dei propri gusti, desideri, bisogni rendendolo per così dire «post-consumista» in tutti gli ambiti. Non si accontenta, come Edipo, di scampoli di sessualità trafugata senza che nessuno se ne accorga, ma impone il suo gusto finalmente definito dopo aver superato la denigrazione dell'importanza delle vicende umane che lo attanaglia, ma che lo rende preciso nella definizione dei propri gusti e delle autentiche e originali tendenze. Ciò rende

Narciso edotto della complessità della propria identità, che rimane variegata, mutevole, reversibile.

Può anche rimanere passivamente catturato nel regno della noia priva di azioni perché orfano di motivazioni. È possibile allora ipotizzare che l'adolescente narcisisticamente fragile, e perciò coinvolto in estese distruzioni dell'importanza e bellezza della realtà, sia spinto proprio dalla deprivazione che la noia determina impedendo qualsiasi azione, a reperire una soluzione alla grave insoddisfazione che si accumula nella sua mente.

L'amico del cuore

La noia nell'adolescenza è uno stato affettivo della mente che si impone per lunghi periodi ed è un appuntamento obbligatorio, al punto da poter sostenere che trovare una soluzione intelligente al dolore mentale prodotto dalla noia rappresenti una delle mille sfide del processo di crescita adolescenziale.

La prima parte dell'adolescenza è normalmente dominata dalla noia, perché le ragazze e i ragazzi non osano ancora avventarsi sulle attività sessuali e trasgressive che li impegneranno da lì a poco, e s'aggirano per casa cercando il proprio desiderio smarrito.

Narciso però è costretto a disprezzare tutto ciò che la realtà gli propone perché qualsiasi attività, gruppo o persona chiede un minimo di dipendenza, merce relazionale che Narciso non concede volentieri. Così finisce che si aggira fra le quinte dello scenario di una vita priva di mete e interessi convincenti, in attesa che affiori nella mente la rappresentazione di un'azione o comportamento tale da convincerlo della sua importanza e dell'attendibilità delle sue promesse.

Mentre nuota estenuato nel mare di noia che lo circonda, senza che si intraveda la spiaggia verso cui tendere, Narciso è indotto a creare i primi abbozzi del nuovo mondo, quello che negli anni successivi popolerà di nuovi oggetti d'amore, il cui avvento segnerà il tramonto del regno della noia.

È importante capire come si dipanino i passaggi che favoriscono la ricostruzione della realtà affettiva e sociale dell'adolescente fragile, dopo che nella sua mente sono impallidite le imponenti, ed ora poco convincenti, istituzioni della vita infantile. Come nasce e va al potere l'immagine dell'amico del cuore, come viene istituito l'impero del gruppo dei coetanei, per non parlare della scelta e del dominio del nuovo oggetto d'amore adolescenziale?

Appare legittimo ipotizzare che nel processo di costruzione del nuovo mondo sia ampiamente coinvolto il processo creativo. La procedura sembra più o meno consistere nell'impastare il ricordo di esperienze pregresse, relative ad esempio all'importanza del compagno di gioco infantile, verificare quale sia la bozza del progetto futuro in tema di definizione delle linee di sviluppo dell'identità di genere, e amplificare al massimo le emozioni positive nei confronti di un coetaneo dello stesso sesso che finirà, al termine della lunga procedura, per assumere la dignità e il ruolo di un nuovissimo oggetto d'amore, appunto l'«amico del cuore».

A questo punto è nato un capolavoro, un manufatto mentale assolutamente nuovo, capace di ispirare l'esperienza estetica. Narciso contempla estasiato la relazione con l'amico e la trova bellissima, commovente, unica, un capolavoro dell'animo umano, uno spettacolo interiore mai visto. Infatti sono nuovissimi i sentimenti e la devozione sacrificale con cui si appresta a servire il nuovo idolo che spesso è talmente simile al suo inventore da configurarsi come il suo doppio, un clone mentale.

Narciso considera un'opera d'arte l'amico del cuore dell'adolescenza; molti adolescenti non ci riescono affatto, non ne sono capaci, non sono creativi e sono relegati nei ranghi di coloro che attraversano l'adolescenza accompagnati dai compagni di classe o di squadra, mai con l'amico del cuore, perché non l'hanno saputo creare. Nelle classi scolastiche e nelle associazioni sportive si aggirano adolescenti che credono di essere riusciti a creare un amico ed invece hanno costruito un piccolo robot, o un orsacchiotto con cui consolarsi delle difficoltà della vita; e se lo tengono talmente stretto che non riescono nemmeno più a farne a meno.

Se anche non si volesse considerare «artistica» e frutto di un intenso processo creativo la costruzione della relazione con l'amico del cuore, molte delle imprese che i due amiconi (maschi o femmine che siano) mettono in atto, meritano senza alcun dubbio la considerazione di eventi artistici. La mente della coppia di amici adolescenti, ma amici veramente, è dotata di una creatività intensa che in parte compensa la prodigalità con la quale i due adolescenti, ora vincolati, dilapidano enormi quantità di tempo, di energie per approfondire l'accordo e collaudarlo. A volte può persino succedere che i due, divenuti una sola mente, accendano amori consumati a distanza talmente elevata da non raggiungere il destinatario, ma da occupare a lungo la coppia di amici che intanto si allenano ai cimenti futuri e si divertono a parlare di amore teorico, quello più bello ad una certa età perché somministra il medesimo dolore di quello vero senza però mai affaticare e indurre al sospetto che non valga la pena darsi tanto da fare.

La creazione del «migliore amico» è ispirata dalla noia; è lei che costringe a trovare la soluzione più intelligente e straordinaria. Non riesco neppure a immaginare come si possa ipotizzare che ci sia di mezzo il senso di colpa: è chiaro infatti che l'amico promuove una serie di azioni che aumentano l'eventuale colpa, non la attenuano o la prevengono. Invece il «migliore amico» risolve radicalmente qualsiasi problema legato alla noia: è il suo sopraggiungere nella cameretta del bell'addormentato che determina il miracolo della sua resurrezione: così la «larva domestica», fino ad allora disattivata dalla noia che la obnubilava e non le consentiva di intravedere interessanti attrattive, prontamente risorge e si slancia verso il mondo fuori della cameretta.

Il migliore amico quindi accende le luci del nuovo mondo e risveglia l'interesse per la scoperta del desiderio, favorendo un consistente investimento delle iniziative specifiche della fase preadolescenziale o adolescenziale. Il migliore amico è stato creato apposta per realizzare l'ineludibile incombenza di verificare la propria adeguatezza a vivere nel nuovo mondo, quello che si estende a perdita d'occhio al di là della soglia di casa, oltre il confine invalicabile al bambino del quartiere, nello spazio antropologico dell'intera città, ora finalmente disponibile ad essere conosciuta e mappata, anche nelle zone infide e perciò attraenti. Sempre che, naturalmente, al proprio fianco ci sia la nuova creazione, il «migliore amico», poiché egli non è solo il garante della legittimità del trasgressivo desiderio di avventura ed esplorazione, ma anche la protesi necessaria per continuare a desiderare più la paura dell'ignoto che la sicurezza della cameretta.

Si potrebbero passare in rassegna molti altri esempi di invenzioni adolescenziali che appaiono riconducibili all'attivazione di un profondo processo creativo innescato dal dolore della noia.

È sempre il bisogno profondo la molla che spinge l'adolescente a sobbarcarsi la fatica ed i rischi della creazione; la deprivazione che la noia determina, il dolore mentale alimentato dalla deludente ricerca nel campo mentale dell'azione da intraprendere per battere la sonnolenza letale della noia. L'imbarazzo del doversi confessare, l'impotenza di decidere ciò che si desidera, e ciò che si può e si deve fare per essere non tanto felici, quanto un po' più svegli e partecipi, il bisogno doloroso di azione, di movimento, la fame di contatto, di esperienza, il rimpianto dell'era precedente in cui era tutto molto più chiaro e la noia non aveva ancora cancellato il mondo visibile ed anche quello interiore invisibile.

È in questo contesto che affiora la prospettiva di creare un nuovo oggetto, un medium, un doppio, una «protesi mentale»; è quando il mondo è stato disinvestito, non dice più nulla e non esercita alcuna seduzione che affiora, dalle viscere del pensiero profondo, un progetto incerto che si definisce sull'onda dell'urgenza e della passione e muove alla ricerca di una seconda nascita. Ma per rinascere è necessario che un coetaneo svolga una funzione ostetrica e aiuti ad uscire dal guscio della cameretta ove rischiano di rimanere intrappolati migliaia di studenti liceali, murati vivi per molti anni col pretesto di studiare contro la disoccupazione intellettuale.

Il «migliore amico» è una creazione specifica dell'adolescenza, promossa dal rischio della noia; essendoci il futuro di cui impadronirsi è del tutto necessario che Narciso partorisca un migliore amico che lo aiuti a nascere come nuovo soggetto sociale e sessuato: come si potrebbe effettuare un lavoro di tale dimensione e impegno se non ci fosse un collaboratore devoto? Inoltre quella tra Narciso e il migliore amico è un'alleanza dai reciproci vantaggi, dal momento che, mentre l'uno aiuta l'altro a nascere, esce egli stesso allo scoperto, effettuando contemporaneamente la propria muta che gli consentirà di prendere il volo, assieme all'«amico risanato».

L'universo delle passioni sperimentate da Narciso non è caotico come quello di Edipo. In fondo si tratta di affetti strettamente correlati l'uno all'altro. La noia è una passione triste, fa parte del narcisismo e contribuisce a rendere i legami molto liquidi. Il dolore mentale che essa determina nella mente profonda dell'adolescente è il carburante che serve ad accendere il processo creativo: è ovvio che se un adolescente sta bene come sta non si dà da fare per crearsi una relazione amicale.

Gli adolescenti che non ne possono più di non riuscire a dare un nome all'azione che li attende inventano il migliore amico, così sono già a buon punto sulla strada che li condurrà fuori dall'infanzia e dalla dipendenza, mitigando la tendenza del narcisismo ad azzerare l'importanza dell'altro per dare spazio alla noiosa solitudine senza progetti.

6.
NARCISO E LA VERGOGNA

Il bisogno di successo

Creare il nuovo Sé sociale, renderlo eloquente ed esibirlo dinnanzi alla propria generazione è la sfida cruciale che attende Narciso. Per poterlo fare bisogna non essere intralciati dalla vergogna, come invece succede a Narciso più che a chiunque altro. L'adolescente di oggi è esposto al rischio della vergogna poiché aspira all'esibizione sociale accompagnata dal successo molto più di Edipo che, sentendosi inconsciamente in colpa non aveva alcun interesse a mettersi troppo in mostra, e preferiva agire sotto banco sperando di farla franca ed evitare la punizione incombente.

Narciso ha un bisogno estremo di essere conosciuto e riconosciuto e perciò, fingendo di non essere interessato, aspira a salire alla ribalta ed intonare il proprio canto in attesa dell'applauso ristoratore. Lungo la strada dell'esibizione dissimulata lo accompagna però la premonizione che possa avverarsi la catastrofe. C'è in agguato l'umiliazione, a volte addirittura la mortificazione, forme estreme di vergogna. Può infatti succedere che i destinatari dell'esibizione e della richiesta di rispecchiamento, lungi dall'essere teneri, mostrino il loro disappunto, o peggio ancora l'indifferenza, il fastidio e, invece di guardare e ascoltare, si girino dall'altro lato e non prestino attenzione, o addirittura prendano in giro, beffeggino, mettano alla gogna. A volte non si accorgono neppure di aver trucidato simbolicamente Narciso, di avergli inflitto l'esperienza intollerabile dell'umiliazione. Egli invece s'accorge anche di dosi minimali di mortificazione sociale e ne rimane assiderato.

Nessuna esperienza psichica paralizza le abilità e blocca le competenze di Narciso più della vergogna che lo assale repentinamente, rendendo inservibile il patrimonio di esperienze accumulate. Pur di evitare i vissuti di vergogna, Narciso gira al largo da qualsiasi occasione sociale in cui possa verificarsi l'incidente e s'aggira solo in distretti sociali nei quali controlla il pubblico delle sue esibizioni conoscendone i gusti, compiacendolo e seducendolo per ottenere il successo bramato.

La vendetta

Dalla vergogna, ed ancor più da esperienze di mortificazione, Narciso esce però impugnando un'arma molto efficace. Ferito a morte dall'umiliazione, cerca sulle prime di sparire e non farsi più vedere: deve sottrarsi allo sguardo dell'altro, blindarsi nel rifugio solitario, rivedere mille volte in moviola l'incidente nel corso del quale ha subìto la mortificazione che l'ha reso socialmente inservibile, e avviare un procedimento mentale di emergenza che restauri il sé narcisistico manomesso. Immaginare la vendetta fa parte integrante del procedimento finalizzato a ridurre l'intensità del dolore della ferita narcisistica.

L'adolescente di oggi è un grande inventore di vendette. Rumina a lungo la vendetta possibile che lo riabiliterà, perfeziona nel tempo la procedura ed il copione, emozionandosi e trattenendo il fiato, mentre si snoda sullo schermo dell'immaginazione interiore la successione di eventi che si compiranno nel giorno in cui colui che lo ha traumatizzato subirà la giusta sanzione e verrà messo alla gogna e denudato: tutti potranno verificarne l'ignominia. Narciso verrà riabilitato, il danno sarà risarcito dall'esilio dell'avversario, il quale non dovrà più farsi vedere nell'ambito sociale in cui prima imperversava.

L'accanimento con cui rumina la vendetta consola Narciso delle innumerevoli umiliazioni alle quali lo espone la sua permalosità, che fa da regista alle emozioni che sperimenta nelle relazioni sociali. La vendetta si perfeziona e si arricchisce di nuovi dettagli e tende a sedare il dolore della ferita, ma non ne cancella la riattivazione allorché si riaffacci alla memoria la scena della mortificazione subìta. Si tratta di una qualità di dolore che non si attenua col passare del tempo, anzi a volte diventa pervasiva ed impone una vendetta terribile dal momento che l'affronto non può essere dimenticato.

A volte Narciso decide di eseguire nella realtà sociale il proprio progetto vendicativo, lasciando trasecolati i destinatari della sua impresa; questi non si sono neppure accorti di avere provocato il danno di cui sono accusati o non se ne ricordano poiché è trascorso troppo tempo dall'evento che viene loro rinfacciato senza alcuna attenuante, quindi con l'aggravante di non voler ammettere la nefandezza della propria impresa e la stupida cattiveria del loro animo.

Non si possono certo indicare come atti creativi quelli nati e alimentati dal desiderio di vendetta, ma rimane comunque evidente una certa parentela fra il processo creativo e il progetto vendicativo. Ambedue infatti spesso si compiono in una zona della mente che ha scarsi contatti con la realtà esterna, vanno alla ricerca di immagini e rappresentazioni che siano avvertite dal sé come altamente soddisfacenti, innovative, rispondenti al carattere del proprio stile e destinate, se rappresentate nel mondo esterno, a comunicare una verità interiore molto profonda e sincera.

Però ciò che maggiormente accomuna il destino del processo creativo a quello vendicativo è la costruzione mentale dei sé futuri splendenti ed eroici, ridefiniti dall'evento che riscatta dagli infortuni, regalando una soggettività riformulata con definitiva chiarezza.

Li accomuna e, per certi aspetti li rende sovrapponibili, anche la ricerca di un gesto che appaia nuovo nella sua strepitosa capacità di rappresentare la rabbia e il bisogno di riscatto, il desiderio di rinascere, di acquisire una speciale visibilità, caratterizzata dalle buone ragioni, dalla legittimità di esistere, dal valore del sacrificio e della devozione con cui ci si è esercitati nella ricerca di una soluzione al problema del dolore di non riuscire a capire come si possa vivere con un sé manomesso, ferito, derubato della necessaria progettualità.

Nella nostra cultura, soprattutto nel comparto educativo, la vendetta non è ben vista e viene spesso connotata come un difetto da cui emendarsi, un peccato riscattabile offrendo l'altra guancia. Ciò rende difficile comprendere quanto l'adolescente fragile sia spesso ispirato potentemente dal desiderio di vendicare i soprusi patiti dal bambino che è stato, o le mortificazioni sofferte nel contesto educativo e sociale in cui ha fatto i primi passi dopo la pubertà.

Se però si ascolta e ci si identifica empaticamente con Narciso che cerca la vendetta, ci si accorge facilmente che spesso il processo creativo viene inaugurato proprio dall'intuizione per cui il nuovo sé non può nascere che dalla capacità di realizzare una vendetta alta e legittima.

Agli occhi dell'adolescente fragile, che vuole disperatamente diventare spavaldo, il trionfo sull'arroganza deprimente degli adulti e sulla prepotenza stolta dei coetanei non può che essere celebrato dopo una serie di atti e comunicazioni che abbiano saldato i conti in sospeso, vendicato le ferite e regalato al sé adolescenziale la spudoratezza che impedisce l'umiliazione.

Il trionfo

La vendetta degli adolescenti, troppo fragili per sopportare la mortificazione dell'anonimato, è spesso il loro successo come interpreti delle peripezie della loro generazione. I loro coetanei li approvano perché avvertono che quell'impresa trasgressiva serve a vendicare tutti, anche i più timidi, le vittime dei bulli del mondo, quelli che soffrono delle ferite inflitte dalla scuola e dal gruppo.

Creare nuovi oggetti d'amore, nuove relazioni, nuovissimi sé mai visti nelle stagioni precedenti, inventare linguaggi diversi dalla lingua madre, messaggi criptati, doppie vite, diari in codice, insomma tutto il repertorio delle scoperte e invenzioni che l'adolescente generalmente fa, è forse anche figlio del forte bisogno di vendicarsi dell'opprimente bisogno di compiacere gli adulti della fase precedente.

C'è sicuramente un'intenzione vendicativa nel sublime sforzo creativo con cui l'adolescente crea il nuovo sé e nuovi oggetti d'amore. Si vendica del mortificante bisogno infantile, dei soprusi inflitti al bambino dalla dipendenza dai genitori. Tutti i bambini sono stati umiliati dalla loro piccolezza e l'adolescenza serve in molti casi a potersi finalmente vendicare; alcuni genitori avvertono che la dose in eccesso di estremismo e violenza con cui l'adolescente manipola il proprio corpo e crea la nuova relazione con loro, esprime il bisogno di vendicarsi rispetto alla pressione educativa patita nei lunghi anni della dipendenza infantile.

Il bambino non poteva fare rumore, ma l'adolescente può costringere tutti gli adulti del caseggiato ad ascoltare la propria musica, anche di notte. Il bambino raccontava tutto, l'adolescente ora tace e quando parla dice cose enigmatiche ed allusive, quasi volesse vendicarsi accumulando silenzi, costringendo la madre a spiare, origliare, violare segreti.

Non è creatività, è solo il «mestiere» di adolescente, ma in alcuni casi la violenza e l'opaca ottusità dell'arroganza adolescenziale lasciano il posto a gag molto divertenti, a racconti e messe in scena sarcastiche dotate di sorprendente intelligenza; le stesse inutili bugie acquistano un'imprevedibile capacità espressiva e stupiscono per la loro complessità e per la fatica necessaria a tenerle in vita.

Le bugie sono strani prodotti della creatività adolescenziale poiché vengono elaborate senza altro motivo che non sia la necessità di inventare, per gli spettatori della propria crescita, un recital di finti aneddoti scolastici e di gruppo venati da una sottile presa in giro nei confronti delle aspettative dei genitori, quasi sempre scoperti poiché sono stati inventati proprio a questo scopo.

Anche il diario segreto è una lettera inviata alla mamma. Fingendo di nasconderle l'amore, la sessualità e l'immane solitudine di essere rimasti quasi orfani a seguito dello scoppio dell'adolescenza, si è costretti a cercare la confidenza al riparo della segretezza messa a disposizione dalle celate pagine.

In alcuni casi gli adolescenti fragili debbono affrontare la perdita del valore del Sé, ricorrendo all'azione concreta e impulsiva, ma abitata dalla speranza di ritrovare un pertugio segreto per uscire dalla dipendenza infantile e dallo scacco evolutivo adolescenziale. La distruzione dell'immagine dell'altro contiene quasi sempre delle componenti creative, generative di senso, che sono un ultimo disperato tentativo di riorganizzare la speranza di uscire sano e salvo dal labirinto senza subire mutilazioni perenni.

È però vero che spesso viene in soccorso della mente adolescente, assiderata dalla vergogna, un processo di ipersimbolizzazione capace di innescare processi di repentina e splendente creatività. Essa dà vita a nuovi ed impensati oggetti, spalanca canali espressivi piegando i processi cognitivi alle esigenze dell'urgente ricostruzione del senso, nella speranza che esista un tempo detto «futuro» in cui si realizzerà il progetto e il valore segreto del Sé.

La frenesia espressiva di Narciso e la sua furibonda necessità di vendicare la mortificazione possono spingerlo a suonare i tamburi, a danzare tutta la notte, ad avventarsi sui superpoteri promessi dalle droghe, a disegnare sui muri il nome che s'è dato, a compiere reati e sfidare la morte nelle ordalie oniriche del popolo della notte. Purtroppo queste ed altre iniziative adolescenziali, sospinte dalla contemporanea complicità di creatività e distruttività, non sempre sono sufficienti a cancellare la vergogna che non si lascia anestetizzare dal rumore od obnubilare dal fumo. Si affaccia allora la fantasia terribile di sposare la morte e mettersi in salvo dall'orrore della perdita della bellezza.

Il corpo e la vergogna

La centralità del corpo in adolescenza è ben nota e documentata dall'uso intensivo che l'adolescente ne fa per esprimersi socialmente, per elaborare la propria identità di genere, per comunicare agli altri i valori cui intende far riferimento nella definizione della bellezza, nelle modalità di corteggiamento e seduzione, nella relazione con l'eleganza e la forza. In questa ottica non sorprende che il corpo sia il mezzo con cui l'adolescente esprime i contenuti profondi della propria mente: aspirazioni e vocazioni personali che possono essere raccontate agli altri più facilmente attraverso l'abbigliamento, i monili e la colorazione delle parti scoperte del corpo. Nel frattempo l'uso sociale e comunicativo del corpo serve anche alla costruzione lenta e progressiva della propria immagine mentale, utilizzata da definitiva base di appoggio alla propria identità di genere.

Perciò non è tanto l'uso sociale del corpo, o la sua sofferenza psichica nell'espressione del dolore mentale, che merita attenzione allorché ci si interessi delle novità dell'espressione dell'adolescente fragile che aspira ad avere successo. Ciò che maggiormente interessa è constatare come la liberazione del corpo adolescenziale dal dominio della colpa lo abbia avvicinato alle forti correnti espressive, esibizionistiche, manipolative del narcisismo. Liberato dalla prepotenza dell'«etica», il corpo adolescenziale è stato investito dall'«estetica», dai bisogni espressivi e comunicativi, dalla spudoratezza, dall'erotizzazione della comunicazione sociale.

È in questa prospettiva che appare utile ammettere come il nuovo adolescente non occulta più la dimensione erotica, sessuata, del corpo e la sua naturale e legittima propensione al piacere, ma cavalca anzi questa dimensione potendola finalmente utilizzare per disincagliare alcuni contenuti che sono più vicini al corpo che alla mente.

Narciso instaura una relazione molto intensa con il proprio nuovo corpo postpuberale, sessuato e generativo, e spesso la palesa attraverso le manipolazioni violente alle quali lo sottopone, per controllarlo, modificarlo, abbellirlo fino a ridurlo uno scheletro o la caricatura del bronzo di Riace. Lo intaglia, gli infila metalli e monili, inserisce sottocute inchiostri di china e lo tatua ad eterna memoria di ciò che sente di essere e valere in quel preciso momento. Lo dimagrisce, lo palestra, lo «dopa», lo droga, lo espone a rischi terribili con volteggi pericolosi, troppo audaci per essere evitati e troppo belli ed emozionanti per indurre ad una maggiore attenzione per la propria incolumità, che evidentemente non coincide con quella del corpo. In molti casi ciò deriva dal fatto che Narciso non si sia mai identificato in quel corpo di proporzioni e apparenze assai modeste rispetto al suo intimo splendore, che appare tradito dalle sembianze del nuovo corpo.

La perdita della silenziosa innocenza della corporeità infantile può costituirsi come tema di espressione artistica più o meno ben riuscita. Il dolore della sessualità appena conquistata sembra parlare di un corpo ridotto male, trasformato in quello di uno scarafaggio ripugnante, dedito a riti lubrichi, costretto dalla propria intrinseca natura, o meglio, dall'ignobile trasformazione subìta, a sperimentare desideri e bisogni sporchi. Si leva allora la canzone dedicata alla bellezza dell'altro, confrontata con la propria presenza indesiderabile, condannata alla contemplazione dell'altrui bellezza senza alcuna possibilità di scambio.

Nei «nuovi adolescenti», soprattutto nelle femmine, sorprende anche la creazione di un corpo di recente invenzione, il corpo alimentare, grasso o magro. Questo nuovo corpo è presente massivamente nell'immaginario delle adolescenti afflitte da disturbi della condotta alimentare, e soppianta l'importanza evolutiva del corpo erotico, divenendo fonte di dolorosa vergogna, con conseguenti comportamenti distruttivi vissuti soggettivamente come altamente creativi.

Spesso fa la sua apparizione il corpo impresentabile delle «dismorfofobie», sempre più diffuse e fonte di perentori ritiri dal teatro della crescita. La creazione proiettiva di un corpo vergognoso per la sua ingiuriosa imperfezione attiva implacabili condotte auto-lesive che vanno dal *cutting* all'uso smodato di piercing e tatuaggi, dall'esposizione masochistica a condotte altamente rischiose per la salute e l'incolumità.

Il corpo del desiderio e del piacere, di recente acquisizione e liberato dalla colpa, occupa ovviamente la parte più rilevante dell'attività della mente adolescente. Nel caleidoscopio delle immagini e rappresentazioni del desiderio e del piacere, c'è una costruzione mentale relativa al corpo erotico che appare specifica dell'immaginario adolescenziale.

L'attacco al corpo

Il più temibile di tutti è però il corpo «non Sé», disponibile a diventare l'oggetto alieno delle condotte autodistruttive che creano e distruggono un corpo-madre, un corpo persecutore, un corpo-natura, un corpo mortale da uccidere prima che sia lui a decidere di morire.

In questi casi la fragilità narcisistica impone al soggetto di rifornirsi di importanti esperienze di rispecchiamento e di successo scolastico e relazionale: da ciò deriva l'elevato livello di adattamento sociale e prestigio fra i coetanei che caratterizza molti adolescenti che muoiono di morte volontaria o che tentano di uccidersi.

Il corpo postpuberale però non viene accettato come proprio e rimane disponibile come sede di proiezioni, successivi rimaneggiamenti e manipolazioni violente. Il predominio del sentimento di vergogna su quello di colpa determina l'impossibilità di ricorrere a processi riparatori, espiatori o di sublimazione. La scoperta della propria mortalità, che avviene quando si realizza che il nuovo corpo, quello sessuato e generativo, ha una data di scadenza, determina, in alcuni adolescenti narcisisticamente permalosi, una segreta attribuzione di un positivo significato alla morte, che viene vista come esperienza narcisistica di affermazione del dominio del Sé sulla finitezza del destino naturale, o come risorsa da utilizzare in caso di gravissimi insulti narcisistici.

Si innesca allora e si sviluppa nel tempo una fantasia e poi un progetto suicidale che cresce nella segretezza dello spazio del Sé, privo di qualsiasi forma di intento relazionale, non verbalizzabile o socializzabile.

Avendo avuto occasione di parlare a lungo con adolescenti reduci da tentativi di suicidio, posso testimoniare che il progetto suicidale contiene elementi di massima creatività in quanto superinvestito di valori narcisistici, vendicativi e di affermazione dell'importanza del Sé rispetto alle aspettative ed esigenze dell'oggetto. Gli aspetti di creatività si evidenziano nella costruzione di una fantasia pervasiva in cui «uccidersi non significa morire», ma recuperare la bellezza oltraggiata e il potere perduto o in declino.

Il progetto suicidale contiene ovviamente anche elementi di ineguagliabile distruttività dell'altro in quanto può sussistere e realizzarsi solo se si realizza l'annullamento del valore del vincolo e dei sentimenti dell'altro. Le vittime del suicidio di un adolescente – genitori, fratelli, compagni di classe – avvertono infatti la distruttività del comportamento suicidale grazie all'azzeramento della loro importanza e nella prospettiva di determinare in loro il più elevato livello di dolore e di rimpianto possibile. Ciò purtroppo si realizza, probabilmente, in misura superiore alle aspettative del ragazzo morto suicida o sopravissuto ad un suicidio mancato.

In questi ultimi 10-15 anni di lavoro di psicoterapia e consultazione psicologica ci è sembrato che molte manifestazioni sintomatiche per le quali gli adolescenti frequentano il consultorio potessero essere trattate, almeno in prima battuta, come tentativi mal riusciti di imprigionare la vergogna, di incapsularla, di mitigare il dolore che determina nella mente dell'adolescente.

L'adolescenza infatti favorisce delle modalità di gestione e risoluzione del dolore mentale che sono specifiche di questa fase evolutiva: la forma e la strategia comunicativa utilizzate dagli adolescenti hanno delle caratteristiche che differenziano le loro manifestazioni sintomatiche da quelle del bambino, dell'adulto e anche del giovane adulto.

Altre ricerche e la pratica di consultazione nelle scuole, nei centri di aggregazione con adolescenti in difficoltà hanno già ampiamente confermato che la sofferenza prevalente negli adolescenti è di tipo narcisistico. Alcune manifestazioni peculiari dell'adolescenza non appaiono infatti ispirate dal tentativo di difendersi da sentimenti di colpa, dall'irrompere nella mente di fantasie aggressive, dal tentativo di gestire perentori impulsi sessuali o dalle difficoltà di costruire nuove relazioni affettive. I sintomi di disagio prevalenti degli attuali adolescenti sono l'espressione del tentativo di dare un nome alla vergogna e dell'illusione di poterla meglio controllare.

La vergogna è un sentimento sociale ed è inevitabile che gli adolescenti debbano affrontarlo. Sono infatti dei debuttanti nelle relazioni sociali: escono dalla famiglia, dopo la lunga fase della dipendenza infantile, e si inseriscono nella società dei coetanei. Quindi il problema che devono affrontare è quello dello sguardo dell'altro, della buona o cattiva figura che faranno in occasione del loro debutto. C'è chi può affrontarlo e si vanta di farlo, c'è chi soccomberà al sentimento di vergogna e finirà per ritirarsi o rifugiarsi in classe nel tentativo di non farsi intercettare dallo sguardo critico dei coetanei.

Per esempio, in molti casi le gravi fobie relative ad alcuni aspetti del proprio corpo, sempre più frequenti fra gli attuali adolescenti, determinano un dolore mentale molto profondo che a sua volta innesca meccanismi di evitabilità, rinunce, inibizioni sociali e mancato investimento affettivo nella realtà; con tutti i ritardi e i blocchi evolutivi determinati dal dover scansare l'utilizzo delle risorse più significative per realizzare i propri compiti evolutivi.

In molti casi la dismorfofobia – cioè l'individuare in un'area del corpo, nell'espressione mimica del volto, il luogo supremo della vergogna – è facilmente riformulabile come espressione di una vergogna ancora più profonda, relativa al proprio contesto familiare, alla relazione con il proprio stato sociale, alla relazione con una serie di qualità del contesto; qualità che sarebbero difficilmente governabili se non venissero in qualche modo simbolizzate in un distretto del corpo, con la maggiore possibilità di controllare e modificare che questa scelta regala.

In molti casi anche i disturbi della condotta alimentare non sono solo il tentativo di mettersi al riparo dal sentimento di vergogna che ispira la morfologia del corpo. Chiunque abbia avuto occasione di dialogare con ragazzine dedite al digiuno etico, che mangiano troppo e poi vomitano, sa bene quanto sia pervasivo il sentimento di vergogna rispetto al grasso e alla rotondità. Anche in questo caso inventare la vergogna derivante dal grasso, sinonimo di stupidità, è un male minore rispetto alla vergogna che sperimentano rispetto al non essere ancora riuscite a risolvere aspetti importanti della relazione simbiotica ed ambivalente con la madre. È questo ciò di cui profondamente soffrono, ma quello che appare è la vergogna per il loro corpo, per via dell'importanza particolare che esso assume durante lo sviluppo adolescenziale.

Spesso anche la fobia della scuola, con le crisi di panico che essa comporta in occasione dell'ingresso nello spazio scolastico, è espressione di una vergogna molto profonda rispetto al proprio compito segreto che non è quello di studente, ma di assistente, terapeuta, secondino della madre. Durante il lavoro di consultazione con l'adolescente in crisi, si arriva molto facilmente a far affiorare la missione segreta, perché già nella manifestazione sintomatica sono presenti l'affanno e la copertura insistente di questo secondo livello.

Altre manifestazioni più recenti che sembrano ora di moda – come ad esempio le manipolazioni violente del corpo quali il tagliarsi superficialmente la pelle delle braccia e delle gambe con il taglierino – molto spesso rappresentano il tentativo di controllare il dolore suscitato dalla vergogna relativa a piccoli traumi narcisistici subìti nell'esperienza scolastica. A volte rappresentano il tentativo di gestire la rabbia per delle mortificazioni che pretendono una violenta manipolazione immediata per essere dimenticate: il taglio dal quale sgorga il sangue riduce il furore innescato dalla ferita narcisistica e seda il dolore della mortificazione recente, trasformando l'insopportabile dolore mentale in un modesto dolore fisico prodotto attivamente.

Altro pertinente esempio è il recente fenomeno della reclusione volontaria nello spazio domestico: la scomparsa dallo spazio sociale, che prende avvio dal ritiro dalla scuola ma, in realtà, va verso qualcos'altro: muove verso lo spazio domestico, interno, verso la realtà virtuale, con quella poderosa e importante capacità che ha il virtuale di mettere al riparo dallo sviluppo di sintomi psichici gravi. Anche in queste manifestazioni di auto reclusione, prima o poi ci si imbatte nella vergogna come regista e ispiratrice del ritiro sociale. Nessuno deve più vedere l'adolescente troppo fragile per reggere la luce del sole e lo sguardo dell'altro: è la celebrazione della più radicale delle difese rispetto all'eventualità di sperimentare il sentimento sociale della vergogna.

Per aiutare l'adolescente in crisi a mitigare il dolore mentale suscitato dalla vergogna, le esperienze relazionali che possono essere promosse e sostenute dalla consultazione psicologica fanno riferimento alle risorse che normalmente aiutano l'adolescente a realizzare i propri compiti evolutivi.

È molto utile aiutare l'adolescente a incamminarsi verso la condivisione e la socializzazione, utilizzando le risorse che sono messe a disposizione dal percorso di crescita, dall'avere una motivazione specifica a realizzare alcuni riti.

Recentemente sono rimasto colpito dall'importanza che ha acquistato per alcuni adolescenti ridotti a mal partito dalla loro immane fragilità la decisione di celebrare con una festa il compimento del proprio diciottesimo anno, come d'altra parte fanno quasi tutti i loro coetanei, maschi e femmine.

Un paio di ragazzi che erano in una situazione di gravissimo scacco evolutivo nel processo di socializzazione con i coetanei, incapaci di sostenere una rappresentazione del loro ruolo sociale, della loro partecipazione alla rete delle relazioni con i coetanei, avevano l'impressione di essere invisibili; rappresentazione non del tutto infondata poiché convalidata dalle risposte che l'universo dei coetanei riservava loro. Per questi ragazzi è stato importante organizzare una cerimonia di vero e proprio battesimo sociale, quasi di presentazione, non solo simbolica, alla propria generazione, sostenuti dall'amico del cuore e dalla loro madre che, in questa circostanza, affinché questo rito potesse compiersi, aveva messo a disposizione le risorse logistiche ed economiche della famiglia.

Questi ragazzini, molto motivati, ovviamente sono stati fortemente sostenuti, nell'ambito della consultazione, a dare valore iniziatico all'evento e hanno accettato il rischio di «perdere la faccia» definitivamente. Essendo infatti socialmente invisibili, il loro invito a partecipare alla festa è stato accolto solo da un esiguo numero di compagni di scuola, generosi e ben disposti. Questo insuccesso relativo era per loro prevedibile, sapendo di «contare poco»; semmai sono rimasti colpiti dal fatto che una parte di invitati, seppure in piccolo numero, abbia accettato l'invito.

Così, tramite questo rito di iniziazione, hanno fatto un passo avanti nella conquista della rappresentazione del proprio valore sociale, dell'essere capaci di organizzare un dispositivo sociale utilizzabile anche dai propri coetanei all'interno del quale il ruolo di anfitrioni sosteneva narcisisticamente l'impresa, li metteva al riparo dall'eventualità di non contare nulla, di non essere capaci di dare niente di interessante, significativo e nutriente ai propri coetanei.

Credo sia stata importante anche la prospettiva di sostenere gli sforzi, fino a quel momento fallimentari, di costruire una coppia amorosa, pur in assenza di una grande motivazione, limitandosi a tentare un apprendimento iniziale, un timido debutto, una verifica, un collaudo parziale delle proprie capacità di vivere nella mente dell'altro. In tal senso, è sorprendente e trasformativo il tenero rispecchiamento che alcune ragazze loro coetanee hanno messo a disposizione dei due ragazzini fragili, che in occasione del loro battesimo sociale furono presi in carico dalla loro componente materna. Ma, poiché i due debuttanti erano dotati di quell'aspetto carismatico che hanno i ragazzi fragili, che li fa sembrare dei bambini vecchi ma per questo interessanti, decisero di mettergli a disposizione una breve esperienza di addestramento alla vita di coppia. Queste esperienze di tenero rispecchiamento narcisistico sono di estrema importanza per quei ragazzi che hanno quasi perduto ogni speranza di poter suscitare anche dosi minimali di tenerezza nelle compagne.

CONCLUSIONE

Se le cose stessero davvero come sono state descritte in questo libro, ci sarebbe da preoccuparsi?

È opportuno tentare una risposta poiché è un quesito che riguarda l'intero paese: non solo le istituzioni, ma anche uno stuolo di presidi e dirigenti scolastici, insegnanti, genitori, giudici minorili e nonni si interrogano sul comportamento sociale degli adolescenti, e si chiedono se la relazione che gli adolescenti hanno con l'autorità, con il futuro, con l'amore e con la realtà sia adeguata; se sia funzionale alla loro crescita, o non sia invece il segnale di un segreto malessere, di una crisi profonda del modello educativo che sforna giovani irriconoscibili persino a chi li ha generati e aiutati a crescere. Sono in molti ad essere preoccupati per la loro indifferenza, l'apparente apatia, la malavoglia e lo scarsissimo impegno politico e sociale, soprattutto per via del netto cambiamento di rotta rispetto agli auspici delle generazioni precedenti. Ci si domanda se non sia necessario, anzi indispensabile, un cambiamento del modello educativo. Si sente parlare ovunque, anche in parlamento, di nuove regole da proporre ai giovani, di «paletti» da ricollocare negli snodi cruciali della crescita. Molti adulti sono realmente preoccupati che i giovani crescano in un terreno non segnato da alcun cartello indicatore, soprattutto quelli che vietano di inoltrarsi in certi territori – ad esempio quello delle droghe, del consumo di alcol, della guida spericolata, della beffa alla legalità. C'è l'impressione che sia avvenuta una diserzione di tutti coloro che avrebbero dovuto sorvegliare affinché i paletti rimanessero al loro posto e non venissero divelti da branchi di giovani inselvatichiti. Si pensa che i genitori si siano avventati sul lavoro e il denaro, molti anche sulla contemplazione del televisore; che i docenti si siano offesi per la generalizzata mancanza di rispetto nei loro confronti da parte della società (sottolineata dal mancato aumento degli stipendi); che la famiglia sia in crisi perché scardinata dalle crisi coniugali che la dissolvono e sovrastata dai superpoteri dei suoi competitori, tra cui soprattutto la televisione, la pubblicità, Internet, e dal gruppo degli amici di pari età. Su quest'ultimo punto la preoccupazione trova supporto scientifico: si parla spesso di passaggio dalla «crisi dell'autorità del padre alla tirannia del gruppo dei pari età», che oltre ad essere una metafora brillante dipinge adeguatamente i nuovi rapporti di forza educativa fra famiglia e gruppo dei coetanei.

Ci sono naturalmente anche i convinti denigratori degli adolescenti, quelli che usano aggettivi meno romantici dei nostri. I giornalisti della carta stampata e la grande manipolatrice televisiva fanno a gara per monumentalizzare le malefatte di piccoli gruppi isolati di ragazzi disperati. Facendole diventare il segnale di una metamorfosi in atto, che ha trasformato gli studenti in bulli, i figli in tossicodipendenti, le ragazze in subdole anoressiche, i maschi in adoratori del branco selvaggio e violento. Questa denigrazione dell'ultima generazione di adolescenti esprime molto bene l'invidia della gerontocrazia nei confronti di chi, a suo modo di vedere, ha troppa vita ancora da spendere, e usa malissimo il suo tempo futuro, rispetto agli scampoli residui di cui dispone la moltitudine di pensionati e delle cariatidi politiche e mass mediali del nostro paese. L'invidia porta alla denigrazione, e spesso anche a prendersela con l'eccessivo tempo di cui dispongono i giovani; con la loro deplorevole abitudine, tra l'altro, di dedicarne una buona parte all'esercizio della sessualità. Di modo che, attraverso la scuola, si provvede a requisire una buona parte di quel tempo, costringendo i giovani a fare i compiti. Essi così smetteranno di dilapidarlo nei piaceri della giovinezza, che oltretutto per motivi misteriosi si consumano prevalentemente di notte, il che rende gli studenti troppo sonnolenti e distratti nei confronti delle mirabolanti imprese di Renzo e Lucia o di Dante e Virgilio.

A contrastare i detrattori dei nuovi adolescenti, insorge una moltitudine di adulti che invece li frequenta abitualmente perché il lavoro li porta a cercare un contatto e a studiarne le mosse: genitori, docenti, educatori, psicologi, guardie carcerarie, preti dell'oratorio e tanti altri che hanno scelto di fare il mestiere di mentori, o di allenatori, scienziati sociali, operatori dei servizi psicosociali per i minori. Chi conosce i giovani finisce per apprezzarli. Anche se una certa perplessità rimane viva in tutti, perché le novità nella gestione della loro mente e del loro corpo non sono direttamente comprensibili. Né si riesce sempre a capire il motivo per cui prediligano la notte, il nero, la pelle da fantasma, i metalli infilati in distretti sensibilissimi del corpo; così come, d'altronde, non si capisce perché debbano essere tormentati invece che festeggiati con dosi massicce di piacere.

In questo dibattito ci inseriamo con le considerazioni riportate nelle pagine di questo libro.

Naturalmente non abbiamo scelto il termine «fragilità» a caso. Volevamo evitare qualsiasi abuso del lessico psicopatologico o della criminologia. Fragile ci sembra l'aggettivo più idoneo e pertinente per descrivere sinteticamente l'ambigua situazione in cui si trova a interpretare la crescita il nuovo adolescente. Non più sostenuto dall'interno dalla legge morale e dal sentimento del peccato, deve vedersela con le ingiunzioni di ideali interiori a volte molto crudeli, che gli prescrivono di essere bello e prestante, simpatico e comunicativo, famoso e autonomo, creativo ed espressivo, tutte caratteristiche queste che appartengono all'area dei valori positivi del narcisismo, inteso come scelta di fondo, quasi filosofica, morale, oltre che estetica.

La fragilità è una caratteristica degli oggetti preziosi, unici, delicati, e generalmente coloro che entrano in contatto con questi sono spontaneamente portati ad usare ogni precauzione per non rovinarli o manometterli. Ecco, l'adolescente di oggi sembra aderire abbastanza a questa qualifica; deve essere trattato convenientemente, non può essere sballottato dalla scuola, dalla famiglia o dall'organizzazione sociale, o trattato come qualsiasi altra persona: Narciso è fragile, quindi deve essere collocato nella posizione adeguata, e trattato con i modi dovuti, altrimenti «si rompe», cioè si assenta, diserta, non viene più a scuola o – se è costretto a partecipare – manda il corpo in classe e lascia che la mente vagoli altrove.

La preoccupazione degli adulti, che a vario titolo e con diversi mandati e competenze si occupano di lui, consiste nell'avvertire come, nonostante le apparenze, la fragilità sia una caratteristica frequente del nuovo adolescente. Ne rimangono sorpresi e spesso allarmati, perché non riescono ad immaginare quali possano essere le conseguenze della straordinaria esposizione al rischio della demotivazione da parte degli adolescenti. Capiscono che per conservare la relazione con loro, e mantenere aperto il canale del dialogo, è necessario evitare un eccesso di frustrazione e che, se si garantisce un supporto relazionale caratterizzato da un certo livello di riconoscimento, si possono ottenere impegno e mobilitazione delle risorse, che possono essere scadenti, e venire riconosciute come tali anche dallo stesso adolescente; dato che non è affatto fragile da questo punto di vista.

Basta poco per demotivare l'adolescente fragile, col risultato di avere in classe degli studenti che non sono studenti, o in casa dei figli che si rifiutano di essere figli, ma si considerano ospiti di passaggio, diretti verso ben altre dimore ove saranno trattati per ciò che realmente sono e non per ciò che risulta all'anagrafe.

D'altra parte è vero che se l'adolescente fragile decide di esserci e di partecipare è molto efficiente, creativo, entusiasta. Se è motivato si impegna in modo particolare a far andare bene il progetto in cui è coinvolto, ci tiene moltissimo e si identifica facilmente con le finalità da perseguire, mettendosi a disposizione, facendo coincidere il sentimento di valore della propria persona col raggiungimento dell'obiettivo concordato. Proprio questa discrepanza fra ciò che riesce ad essere all'interno di una relazione, o se collocato in un certo progetto di squadra o di gruppo, e come non ci riesca in altre relazioni e in altri contesti, sorprende maggiormente gli adulti, che non sono educati a tener conto della suscettibile sensibilità del nuovo adolescente. Quest'ultimo pensa e lavora solo se il «clima relazionale» è quello adatto a lui: a temperature affettive troppo basse si congela, e non dà più segni di vita, mentre a temperature troppo alte, quella della passione e del conflitto, si blocca perché preferisce non essere coinvolto in questioni di cui non capisce bene il senso. Non gli sembra che valga la pena prendersela così tanto per delle faccende che lo riguardano marginalmente.

Alla temperatura relazionale adatta al suo temperamento, la fragilità narcisistica dell'adolescente di oggi diventa una risorsa impensabile in altri contesti e a diversi climi relazionali. Ne posso portare devota testimonianza professionale: gli adolescenti fragili che ho incontrato in questi anni di consultazioni durante le crisi evolutive – anche di una certa gravità per i rischi che comportavano –, se ritenevano di potersi fidare dell'interlocutore, se cioè lo ritenevano adatto a condividere la loro verità, assumevano nei confronti della relazione responsabilità elevatissime, ed erano capaci di sincerità e generosità relazionali altissime, quasi commoventi soprattutto non sapendo come ricambiare tanta fiducia e creatività relazionale. Non è un'esperienza solo di qualche psicologo particolarmente esperto o seduttivo, ma fa parte del bagaglio di esperienze di qualsiasi adulto sia stato disponibile ad ingaggiare una relazione con un adolescente alla ricerca di adulti competenti. Si avvera in questi casi un evento relazionale quasi sorprendente, del tutto impensabile se ricondotto all'afasia simbolica che lo stesso adolescente presenta in classe, in gruppo, in famiglia o in palestra. Nella relazione investita affettivamente, l'adolescente fragile sfoggia una sensibilità strepitosa ed una capacità introspettiva che rendono ragione della sua fragilità, e che gli regalano un contatto intenso e veritiero con alcune rappresentazioni mentali profonde, generalmente inaccessibili, perché scomode da pensare e fonti di malessere per chi non sia abituato a mantenere un contatto con i contenuti più profondi della propria mente.

È molto probabile che sia questo il motivo che rende sorprendenti certi prodotti creativi dell'adolescente fragile, che sembrerebbero incompatibili con lo stile comunicativo trasandato e scontato con cui si esprime nella quotidianità scolastica e familiare; e che, del tutto inopinatamente, sono prodotti espressivi di qualità.

Se però appare quasi certo che la fragilità del sé faciliti la ricerca al proprio interno del sentimento di valore, fondato sulla fantasia di avere un importante futuro da realizzare e un laborioso presente dedicato ad operazioni di rispecchiamento positivo, è anche vero che l'adolescente fragile deve fare i conti con nuovi dolori e con passioni difficili da gestire. Gli adulti che hanno a che fare con il nuovo adolescente sanno che la sua fragilità gli procura un'interminabile serie di guai, primo fra tutti il rischio di annegare nel mare di noia che lo circonda.

È opinione diffusa che i nuovi adolescenti si annoino e che il tentativo di risolvere la loro noia sia all'origine di una serie preoccupante di azioni individuali e di gruppo, che lambiscono l'area delle condotte a rischio, fino a sconfinare in azioni direttamente scellerate. La sottocultura dei mass media soffia sul fuoco di una rappresentazione che vede il nuovo adolescente disperato a causa della noia che lo affligge. E che gli impedisce di scorgere l'azione che lo potrebbe divertire e motivare, tanto da rendersi disponibile a qualsiasi azione che gli garantisca una scarica di adrenalina e lo svegli, restituendogli il gusto pieno della vita.

Si tratta di una delle rappresentazioni più scellerate messe a punto dalla cultura degli adulti. Essa parte dall'accusa rivolta agli adolescenti attuali di godere di una serie infinita di privilegi, quali mai nessuna generazione di adolescenti ha potuto godere; beni di consumo *a go go*, sesso libero, denaro in smodate quantità, libertà di movimento, facilitazioni scolastiche, azzeramento dei controlli, libere frequentazioni degli amici, annullamento dell'obbligo militare, genitori disponibili a sponsorizzare la ricerca della propria vera vocazione per un trentennio: questi sono solo alcuni dei privilegi di cui godono i giovani maschi e femmine, in regime di pari opportunità, avvolti in nuvole di fumo di provenienza sospetta e preda di una strana ebbrezza che forse deriva dall'assunzione di beveroni enormi all'ora dell'*happy hour*, ammassati nei locali alla moda.

Agli occhi degli adulti i nuovi adolescenti sono soverchiati dai privilegi, soddisfatti dai genitori prima ancora che possano desiderare alcunché, alle prese con una scuola che ormai ha ammainato le vele e non chiede nemmeno più che si paghino gli enormi debiti accumulati in anni di pirateria scolastica. Così sarebbero esposti a soffrire gravemente di noia, non perché si trovano a giocarsi la giovinezza in assenza di occasioni e di stimoli, ma perché ne hanno troppi e hanno fatto, fin da piccoli, indigestione di privilegi e vizi di ogni tipo. Conseguentemente, ora non sanno più come gestire il loro sconfinato tempo libero, perché hanno già fatto tutto, di corsa, troppo presto, senza alcuna fatica, ma senza neanche avere il tempo di gustarne il sapore.

Accusa scellerata, ispirata dall'invidia che comunque gli adulti sono costretti a sperimentare nei confronti degli adolescenti. E ciò solo per il fatto di essere adolescenti, e di possedere una quantità e qualità di desiderio sessuale freschissima, e un relativo accesso al piacere non confrontabile con quello messo a disposizione dalla routine della sessualità coniugale. Lettura infondata di quella sessualità; fatta di dicerie, menzogne, proiezioni: la sessualità degli adolescenti è aleatoria, intermittente, spesso mal funzionante; i ragazzi si lamentano dello scarso piacere che sperimentano, anche se è senz'altro vero che il desiderio alla loro età ha una sua rigogliosa prepotenza, ma non li inorgoglisce affatto, anzi crea qualche disagio in più e non è affatto sfruttata come una risorsa.

In questo contesto di soffocanti privilegi diventa scandaloso, agli occhi degli adulti invidiosi e maldisposti, che i ragazzi possano anche solo alludere al fatto che non sanno bene cosa fare, o che si annoiano un po'. Se si annoiano anche in condizioni così stimolanti, vuol proprio dire che non sanno più trovare stimoli, che soffrono della noia in modo quasi allergico. Cosa sarebbe successo loro, se avessero dovuto affrontare la noia delle generazioni che li hanno preceduti? Quella noia derivava dal fatto che gli adolescenti, soprattutto le adolescenti, un tempo vivevano quasi agli arresti domiciliari, o in enormi collegi nei quali tutto era proibito: soprattutto avere tempo libero. E di sesso e libertà non si parlava se non nel confessionale, per espiarne il desiderio.

Gli adulti sembrano spesso convinti che il fatto che gli adolescenti non sappiano più trovare soluzioni intelligenti alla noia deponga per la decadenza della specie. Avremo dinnanzi a noi degli esseri umani menomati, perché se un giovane non sa come uscire dalla noia vuol dire che non sa fare il suo mestiere. Un tempo risolvere la questione della noia era il test di ingresso per l'adolescenza matura. Mentre i bambini si annoiavano e i preadolescenti sbadigliavano, gli adolescenti sapevano benissimo come risolvere il problema della noia, e senza farsene accorgere si davano da fare senza commettere né azioni delittuose, né sobbarcandosi pericolosissime ordalie. Invece gli adolescenti di oggi non saprebbero più trovare soluzioni intelligenti alla noia; o forse, non essendo abituati ad annoiarsi, ne soffrono in modo particolare, e perciò ricorrono a delle «manovre antinoia» di gran lunga peggiori della banale malattia che vorrebbero risolvere.

Grosso modo il ragionamento degli adulti inferociti sembra seguire questa pista: i ragazzi sdraiati sul divano o seduti sul muretto, incapaci di decidere l'azione che li risollevi dalla mestizia della noia, sono costretti a delegare al loro gruppo la funzione di decidere sul da farsi. La mente insoddisfatta di Narciso avverte che la richiesta del gruppo non è di basso profilo, ma c'è troppa noia ed è necessario alzare il tiro della proposta da fare; così tende a inventare un'azione stupefacente e pericolosa che è in grado, proprio perché comporta dei rischi, di suscitare emozioni forti. Mobilitazione delle energie, arruolamento di tutti nell'impresa stupefacente, rischiosa, proibita, a volte crudele per le vittime innocenti destinate ad essere sacrificate pur di risolvere la noia degli adolescenti mascalzoni che compongono la piccola banda.

La verità però è che la noia non è il nodo più doloroso di questa generazione di adolescenti fragili e spavaldi. C'è anche questa emozione da non trascurare e da risolvere, ma è certamente quella che si presta maggiormente ad essere rinfacciata ai ragazzi: perché annoiarsi nel paradiso terrestre è un peccato mortale e indica stupidità e cattiveria insolente.

Nel nostro ritratto la noia fa parte del profilo dell'adolescente fragile e spavaldo che, non volendo stringere rapporti di esagerata ed insidiosa dipendenza, evita di coinvolgersi in situazioni nelle quali potrebbe buttarsi anima e corpo, divertirsi, partecipare, senza troppi distinguo. Invece tiene la barra del timone orientata sul sé e ciò lo induce a miti investimenti affettivi sulla realtà che lo circonda. Appunto per questo motivo, questa realtà gli appare avvolta da una lieve e trasparente caligine, non nitida nel suo valore e nella sua capacità di attrarre energie ed aspettative. Questa sua posizione affettiva e cognitiva nei confronti degli stimoli provenienti dalla realtà esterna può sospingerlo verso la noia, l'assenza di stimoli capaci di promuovere l'azione necessaria per procurarsi la soddisfazione ed il piacere.

Ma in realtà le cose non stanno esattamente così.

Lo scarso coinvolgimento del nuovo adolescente nelle faccende mondane e la sua estrema concentrazione sulle vicende privatissime legate allo sviluppo del sé possono farlo assomigliare al solito adolescente annoiato che s'aggira nei pub alla ricerca dell'azione da compiere per far riprendere al tempo una velocità di scorrimento meno lenta.

Il nostro adolescente non si annoia, ma contempla sgomento la pochezza del mondo che gli hanno preparato ed è costretto a chiedersi come possa renderlo più interessante. Non è affatto ottimista sull'esito dell'operazione e quasi sempre decide di non interessarsi ad azioni trasformatrici, limitandosi a cercare di soffrirne il meno possibile; spesso si costruisce, in alternativa, un mondo parallelo fatto del piccolo gruppo di amici e amiche, con cui prendere in giro il mondo esterno.

È perciò comprensibile che gli adulti abbiano perplessità enormi nella relazione educativa con un giovane così poco motivato a dare loro retta, anche se non ostile, anzi spesso piuttosto passivo rispetto alle loro proposte. Tanto più difficile la relazione educativa in quanto c'è di mezzo anche la paura della vergogna che attanaglia il nostro adolescente fragile e spavaldo. Per gli adulti si tratta di una sfida educativa inusitata, per affrontare la quale non dispongono di grosse esperienze personali perché, al tempo della loro giovinezza, i sentimenti di colpa dominavano il campo. Così veniva messo sul loro conto tutto quanto, anche emozioni ed eventi che sarebbero appartenuti di diritto all'area della vergogna. C'è anche da tener conto che rispetto alla vergogna è molto più comodo dover gestire il senso di colpa; perciò, non appena è possibile, cerchiamo sempre di trasformare la vergogna in colpa, così poi da poterla confessare.

D'altra parte anche i rilevanti vantaggi evolutivi della fragilità pongono dei problemi ad adulti ed educatori, sia nel comprenderne la natura e le finalità sia per ciò che concerne l'organizzazione di una valida risposta educativa. È infatti la scarsa autostima, la ricerca del riconoscimento e del successo, il bisogno di conquistare un adeguato livello di visibilità e consenso sociale ciò che sospinge l'adolescente fragile ad accendere nella propria mente il processo creativo e ad assecondare l'importante spinta verso la conquista di abilità espressive di natura artistica.

Gli adulti però, genitori e docenti soprattutto, non sanno come rispondere al messaggio implicito loro rivolto, per esempio, dalla musica che lo studente o il figlio ha imparato a suonare, perché non hanno chiaro se questa musica li riguardi o li scavalchi, rivolta ad altri interlocutori più competenti e capaci di apprezzarne e decifrarne il messaggio.

Se invece di studiare, o starsene in casa con i genitori, l'adolescente fragile se ne sta in cantina con la sua band a provare e riprovare il proprio demo, cosa debbono rispondere la mamma, il papà e le professoresse che lo attendono al varco della valutazione la mattina dopo (in una scuola tra l'altro che ha messo al bando lo studio della musica e che non insegna a suonare gli strumenti musicali, a differenza di ciò che succede in qualsiasi altra scuola d'Europa)?

Non possono avere una risposta pronta né i genitori, né i docenti perché l'impegno espressivo e l'accensione del processo creativo non è né auspicato, né previsto dal modello educativo attuale, che non contempla la possibilità che l'adolescente porti a casa la musica invece della pagella. Gli adulti in genere ritengono che si tratti di un passatempo, cioè che l'adolescente perda tempo, o che comunque l'attività dovrebbe svolgersi nel tempo libero per non sovrapporsi o sostituire le altre attività previste dall'agenda della mamma, che sono molto più sane e finalizzate alla costruzione del futuro, all'apprendere un mestiere.

Per di più le attività espressive adolescenziali hanno bisogno di una *location* particolare ed acquistano senso e valore solo se l'ambiente e il look dei protagonisti sono coerenti con la visione del mondo che l'arte adolescenziale propone. Ci vuole disordine, molto fumo, bicchieri sparpagliati e bottiglie di birra, sedie accatastate, luce abbastanza fioca e suoni ad altissimo volume. Sembra una messa in scena per fare arrabbiare la mamma o quantomeno insospettirla rispetto all'eventualità che la musica o il teatro o le prove in genere siano solo il pretesto per celebrare in gruppo il rito del fumo e dell'alcol. Invece si è sempre fatto così e l'atelier dell'artista non è mai stato un laboratorio ordinato come la cucina della mamma, e l'alcol e il fumo hanno sempre fatto parte della scenografia.

Sono gli aspetti formali l'occasione del conflitto, ma non potrebbe essere altrimenti perché è molto raro che i genitori o i docenti possano entrare nel merito del valore dell'attività in corso o discutere in modo competente dei contenuti trasmessi. In genere si tratta di modalità espressive recentissime, alternative e in parte incomprensibili se non si ha avuto l'occasione di seguirne lo sviluppo nel tempo. Gli adolescenti hanno bisogno di dare vita ad un «esperanto» che li accomuni ed escluda dalla comprensione quelli che non hanno la stessa età. È il loro modo per dare valore all'età che hanno, dato che è l'unica in grado di capire e cogliere il messaggio ed apprezzarne la grande novità.

Perciò la gestione educativa della motivazione a rifornirsi di abilità espressive da parte dell'adolescente fragile non è semplice, e spesso diviene l'ambito in cui si incanala il conflitto fra genitori e figlio, fra docenti e studente. Si rischia così di perdere di vista la funzione importante che in realtà svolge lo sviluppo del processo creativo per l'adolescente fragile: il suo bisogno di ascolto, di visibilità, di successo futuro, di valorizzazione della quota di talento di cui dispone sono esigenze profonde e reali, e non già provocazioni o tentativi di smarcarsi dalla dipendenza e dal controllo degli adulti di riferimento.

Le difficoltà aumentano nei casi in cui la fragilità dell'adolescente è tale da indurlo ad aggrapparsi alla fantasia per coltivare in esclusiva quella determinata forma espressiva. Nonostante ci siano migliaia di adulti che si guadagnano onestamente da vivere suonando i tamburi o partecipando ai campionati a premi di skate, i genitori rimangono pessimisti e i docenti lamentano la diserzione dal dovere a vantaggio di un passatempo.

È difficile per gli adulti prendere in seria considerazione gli aspetti non convenzionali ma importanti che l'illusione temporanea di essere diventato famoso, sia pure in incognito, può svolgere nel rinfrancare l'autostima del ragazzo fragile. Per qualche tempo sarebbe in realtà prudente rispecchiare positivamente la nuova ed effimera identità del figlio ipotizzando che possa essere un salvagente che lo aiuti a tollerare la mortificazione scolastica e sociale.

D'altra parte le preoccupazioni dei genitori sono non solo comprensibili, ma anche indispensabili perché spesso la fragilità comporta l'assunzione di rischi esagerati e la tendenza ad affrontare pericoli non necessari alla crescita; è bene che gli adulti siano consapevoli e capaci di effettuare una valida azione dissuasiva e preventiva, e tempestivi interventi.

I rischi non sono tanto connessi agli eventuali eccessi di eccentricità, nel chiedere asilo ad un look esasperato, o nell'adorazione smodata e settaria di un idolo, quanto nella quantità e qualità di ritiro sociale che la scelta comporta. Spesso i ragazzi fragili sono tentati di mettersi al riparo dalle ingiurie della vita e dei coetanei rifugiandosi in attività o percorsi di vita un po' insoliti che garantiscono una certa protezione, che diluiscono i contatti sociali, che rarefanno le occasioni di incontro e scontro diretto. La comunicazione virtuale e il mondo parallelo che essa consente di frequentare senza correre grossi rischi narcisistici è uno dei tanti nascondigli sicuri all'interno dei quali l'adolescente fragile può conservare buone relazioni con qualsiasi abitante del pianeta, senza però entrare in contatto diretto e doversi esporre in prima persona. Per gli adulti è arduo valutare il momento in cui la grande risorsa della rete ha esaurito la sua funzione di sostegno alla crescita per cedere al rischio dell'auto reclusione in un bunker difensivo dal quale l'adolescente fragile spia la vita fingendo con se stesso di parteciparvi alacremente, padrone consapevole del proprio ruolo.

Generalmente per gli adulti la spavalderia degli adolescenti fragili è intollerabile. Non riescono ad apprezzarla e a divertirsi alle loro gag, perché al fondo delle comunicazioni c'è una certa dose di implicita denigrazione. Gli adolescenti di oggi affrontano gli adulti senza riconoscer loro alcun significato simbolico e senza regalare al ruolo sociale che svolgono un'importanza che meriti deferenza e timore reverenziale. Se gli adulti vogliono essere rispettati, è necessario che facciano o dicano qualcosa di interessante qui e ora, nella diretta interazione con l'adolescente e il suo gruppo. Ottengono rispetto e confidenza solo se hanno saputo dimostrare di conoscere il loro mestiere e di sapere spiegare bene a cosa serva la loro funzione. Che si tratti di un genitore o di un insegnante, di un poliziotto o di un medico, di un educatore o di un allenatore il fatto che abbia l'età che ha e indossi quel ruolo, o eserciti quell'arte, o quel mestiere non gli regala alcuna importanza particolare agli occhi dell'attuale spavalderia adolescenziale. Gli adolescenti sono portati a dare del tu a chiunque, convinti che non sono le differenze visibili quelle che contano, ma le competenze relazionali. Se poi un poliziotto o un prete, un allenatore o un assistente sociale dimostra sul campo di essere competente, allora si aprono trattative molto interessanti e gli spavaldi sono disponibilissimi all'ascolto.

Sarebbe utile ed interessante riuscire a capire le caratteristiche che deve avere un adulto per essere ritenuto «competente» dagli spavaldi. È infatti molto complicato capire quali possano essere i motivi che fanno sì che fra un centinaio di docenti di una scuola solo quattro o cinque vengano ritenuti competenti. Sembra che l'amore che un insegnante manifesta per la propria materia sia molto apprezzato, anche se smodato e caricaturale, purché comunichi la convinzione quasi delirante che quella disciplina sia fondamentale per la crescita e la realizzazione piena del sé: a queste condizioni viene posta la premessa affinché quell'insegnante sia ammesso al concorso per l'elezione al ruolo educativo di adulto competente. La devozione dell'insegnante per la propria disciplina non significa naturalmente che la disciplina verrà studiata, però agli spavaldi piace che un adulto sia talmente devoto a ciò che insegna da avere perso il contatto con la realtà. Amare moltissimo delle faccende complicate e palesemente inutili, agli occhi degli spavaldi è grande titolo di merito, tanto quanto è fonte di sospetto e critica l'uso strumentale da parte dell'insegnante della propria disciplina proposta o imposta in vista di funzioni di verifica e controllo e per segnare la differenza e tentare di usurpare un poco credibile potere culturale.

Anche un certo livello di curiosità da parte del docente è generalmente molto apprezzato, purché sia fine a se stesso e sincero, non intrusivo e pettegolo. Agli spavaldi piace che il loro insegnante dimostri interesse per certe piccole vicende della loro vita, per alcuni incomprensibili riti della loro generazione, a cospetto dei quali gli adulti generalmente provano totale disinteresse. L'adulto competente, invece, se chiede è perché vuole capire, e quindi ammette di non sapere. È chiaro che non pretende di sapere ancor prima di aver chiesto delucidazioni. Se la domanda è pertinente, e documenta un certo rispetto per gli usi e costumi generazionali, allora gli spavaldi raccontano e spiegano bene, aprendo uno spazio ed un tempo di confronto educativo sulla quotidianità di enorme interesse ed utilità. Questo dimostra sul campo quanto sia utile ed interessante un confronto democratico fra la cultura adolescenziale e quella adulta. Ovviamente la spavalderia pone delle condizioni che non sono facilmente accettabili da ogni tipo di adulto, poiché pretende che dietro non vi sia alcun pensiero pedagogico o di curiosità intrusiva o di manovra seduttiva per carpire benevolenza ed ascolto a favore della propria disciplina.

Una volta deciso che hanno di fronte un adulto competente, gli adolescenti fragili e spavaldi ne fanno un uso intensivo, dimostrando quanto sia reale e profonda la loro motivazione ad attrezzare una relazione funzionale col mondo adulto e come sia cruciale per loro sentirsi in relazione. Quando viene stabilita una relazione educativa gli spavaldi accettano anche livelli molto elevati di dipendenza e ne sono consapevoli, perché la fiducia che sperimentano li autorizza a ritirare la denigrazione preventiva che generalmente inalberano.

D'altra parte tale cautela non si esercita solo nella relazione con gli adulti che svolgono nei loro confronti funzioni di stimolo, istruzione e controllo. Anche nelle relazioni sentimentali e persino nell'area dell'amore di coppia si scorgono facilmente le conseguenze che può avere la spavalderia allorché si eserciti nei confronti dei propri sentimenti e del bisogno di essere amato. Sono coraggiosi gli adolescenti che vivono un'esperienza di amore di coppia di una certa durata. Cercano di rimanere autonomi anche nel regno della più abissale dipendenza e di concedere elevati livelli di indipendenza ed autonomia di movimento al partner in nome di una spavalderia amorosa che nega il timore di perdere il contatto in nome della necessità di rivendicare la propria residua autonomia.

Anche la spavalderia, come la fragilità, ha i suoi inquietanti rischi e pericoli. È un affetto difficile da gestire. Un eccesso di spavalderia rende incapaci di prevedere la consistenza dei pericoli che si corrono: ragazze e ragazzi spavaldi possono in molte occasioni essere sfrontati, troppo sicuri di sé e spingersi fino ad indossare i panni e correre i rischi dei giovani temerari. Calcolare la quantità di rischio necessaria per crescere ed evitare di vivere quotidianamente nell'area del pericolo, che in realtà blocca la crescita e costringe ad assumere maschere stereotipate, è una valutazione complessa. Gli adolescenti che hanno un'autostima sufficiente sono in grado di valutare automaticamente quanto rischio possano e debbano correre per riuscire a rompere i vecchi legami, lasciar cadere le illusioni infantili e fare spazio alle nuove esperienze ed identità.

Gli adulti spesso non possono far altro che assistere facendo il tifo perché l'audacia adolescenziale si trasformi presto nella prudenza adulta. La fragilità e la spavalderia possono essere delle risorse; non debbono diventare una maschera o una scusa per congelare il presente negando il futuro, e poter così rimanere figli e adolescenti per sempre.

Di tutte le critiche che gli adulti fanno agli adolescenti di oggi questa è quella meno confutabile. L'adolescenza interminabile – documentata dalla lunga permanenza in famiglia, dal rinvio dell'indipendenza, del matrimonio e dell'assunzione del ruolo genitoriale – appare come la prova di quanto sia comodo essere fragili e spavaldi, tanto che non è facile staccarsi da una condizione nel corso della quale, forse, sono più gli agi dei disagi.

In realtà l'adolescenza comincia sempre prima e finisce a conclusione delle scuole superiori. Poi inizia un'altra fase di sviluppo, inventata dal nuovo modo di produrre e trasferire le merci e i servizi, che fa seguito all'adolescenza. In questa nuova fase evolutiva non serve più essere fragili e spavaldi, ma aver trovato la soluzione agli enigmi della propria adolescenza e aver definito con risolutezza il progetto futuro. A quell'età il futuro è cominciato e non c'è più un minuto da perdere.

BIBLIOGRAFIA

Trattati e manuali recenti sull'adolescenza

Cahn, R., *L'adolescente nella psicoanalisi. L'avventura della soggettivazione*, Borla, Roma 2000.

Carbone, P., *Adolescenze. Percorsi di psicologia clinica*, Magi, Roma 2005.

Manuale di psicologia dell'adolescenza. Compiti e conflitti, a cura di A. Maggiolini, G. Pietropolli Charmet, Franco Angeli, Milano 2004.

Pietropolli Charmet, G., *I nuovi adolescenti. Padri e madri di fronte ad una sfida*, Cortina, Milano 2000.

Vegetti Finzi, S., Battistin, A.M., *L'età incerta. I nuovi adolescenti*, Mondadori, Milano 2000.

Rapporto fra genitori e figli adolescenti

Giacobbi, S., *Capitan Uncino. Genitori di adolescenti*, Franco Angeli, Milano 1998.

Lancini, M., *Genitori e psicologo. Madri e padri di adolescenti in consultazione*, Franco Angeli, Milano 2007.

Miscioscia, D., Nicolini, P., *Sentirsi padre. La funzione paterna in adolescenza*, Franco Angeli, Milano 2004.

Pietropolli Charmet, G., *Non è colpa delle mamme. Adolescenti difficili e responsabilità materna*, Mondadori, Milano 2007.

Pietropolli Charmet, G., Riva, E., *Adolescenti in crisi, genitori in difficoltà. Come capire ed aiutare tuo figlio negli anni difficili*, Franco Angeli, Milano 2005.

Condotte a rischio

Carbone, P., *Le ali di Icaro. Rischio e incidenti in adolescenza*, Bollati Boringhieri, Torino 2003.
Fare male, farsi male. Adolescenti che aggrediscono il mondo e se stessi, a cura di E. Rosci, Franco Angeli, Milano 2003.
Giori, F., *Il guerriero triste. Tra crisi e crescita*, La Meridiana, Molfetta 2004.
Maggiolini, A., *Adolescenti delinquenti. L'intervento psicologico nei Servizi della Giustizia minorile*, Franco Angeli, Milano 2002.
Novelletto, A., Biondo, D., Monniello, G., *L'adolescente violento. Riconoscere e prevenire l'evoluzione criminale*, Franco Angeli, Milano 2000.
Zielenziger, M., *Non voglio più vivere alla luce del sole. Il disgusto per il mondo esterno di una nuova generazione perduta*, Elliot, Roma 2008.

Disagio a scuola

Lancini, M., *Ascolto a scuola. La consultazione con l'adolescente*, Franco Angeli, Milano 2003.
Maggiolini, A., *Sballare per crescere? La prevenzione delle droghe a scuola*, Franco Angeli, Milano 2003.
Maggiolini, A., *Preadolescenza e antisocialità. Prevenzione e intervento nella scuola media inferiore*, Franco Angeli, Milano 2005.

Vergogna

Battacchi, M., Codispoti, O., *La vergogna. Saggio di psicologia dinamica e clinica*, Il Mulino, Bologna 1992.

La vergogna, in «La pratica analitica», 2008, 5.
Mattei, E., Craia, V., *Il corpo e la vergogna. Genesi, dinamica della vergogna e blocchi psicocorporei in una prospettiva reichiana*, Magi, Roma 2001.
Mollon, Ph., *Vergogna e gelosia. Tumulti segreti*, Astrolabio, Roma 2006.
Pandolfi, A.M., *La vergogna. Un effetto psichico che sta scomparendo?*, Franco Angeli, Milano 2002.
Pietropolli Charmet, G., *Crisis Center. Il tentato suicidio in adolescenza*, Franco Angeli, Milano 2004, pp. 21-38.

Manipolazione del corpo

Birraux, A., *L'adolescente e il suo corpo*, Borla, Roma 1993.
L'autostima allo specchio. La prevenzione dei disturbi del comportamento alimentare in adolescenza, a cura di E. Riva, Franco Angeli, Milano 2007.
Le Breton, D., *En souffrance. Adolescence et entrée dans la vie*, Métalié, Paris 2007, pp. 99-133.
Pietropolli Charmet, G., Marcazzan, A., *Piercing e tatuaggio. Manipolazioni del corpo in adolescenza*, Franco Angeli, Milano 2000.
Zappa, L.E., *Narciso a tavola. L'anoressia nervosa nel maschio*, Franco Angeli, Milano 2007.

Culture giovanili

Freddi, C., *La funzione del gruppo in adolescenza. Il gruppo dei pari, terapeutico e di classe. I seminari di Area G*, Franco Angeli, Milano 2005.
Margaron, H., Pini, M., Tomei, L., *Musica, miti e droghe nelle culture giovanili. Dai poeti «maledetti» alla generazione techno*, in U. Nizzoli, C. Colli, *Giovani che rischiano la vita. Capire e trattare i comportamenti a rischio negli adolescenti*, McGraw-Hill, Milano 2004, pp. 119-139.

Miscioscia, D., *Miti affettivi e culture giovanili*, Franco Angeli, Milano 1999.
Piotti, A., *Immagini dell'adolescente nel cinema*, in *Manuale di psicologia dell'adolescenza*, a cura di A. Maggiolini, G. Pietropolli Charmet, Franco Angeli, Milano 2004, pp. 73-95.

Creatività

Alderighi, P., Resta, D., *Adolescenza e condizione borderline: patologia o creazione di sé?*, in A. Novelletto, E. Masina, *I disturbi di personalità in adolescenza. Borderline, antisociali, psicotici*, Franco Angeli, Milano 2001, pp. 51-65.
Centre Pompidou, *Panorama art et jeunesse*, INJEP, Paris 2007.
Chasseguet-Smirgel, J., *Creatività e perversione*, Cortina, Milano 1987.
Chouvier, B. et autres, *Symbolisation et processus de création*, Dunod, Paris 1998.
Guillaumin, J., *Le Moi sublimé. Psychanalise de la créativité*, Dunod, Paris 1998.
Haie, B., *De la création à l'art de la sublimation chez l'adolescent. Adolescence créative*, Dossier de la «Revue du GRAPE», Numéro 69, Edition érès, Paris 2007.
Le Breton, D., *En souffrance. Adolescence et entrée dans la vie*, Métalié, Paris 2007.

Narcisismo

Associazione Minotauro, *Da Edipo a Narciso*, Atti del convegno, Milano 2005.
Green, A., *Narcisismo di vita, narcisismo di morte*, Borla, Roma 2005.

INDICE

Saggi Tascabili Laterza

ultimi volumi pubblicati

255. Gregotti, V., *Architettura, tecnica, finalità*
256. Canfora, L., *Critica della retorica democratica*
257. Laterza, V., *Quale editore. Note di lavoro*
258. Amato, G., *Tornare al futuro. La sinistra e il mondo che ci aspetta*
259. (non uscito)
260. Dahl, R.A., *Intervista sul pluralismo*
261. Caracciolo, L. - Letta, E., *Dialogo intorno all'Europa*
262. Galli, C., *La guerra globale*
263. Camdessus, M. - Daniel, J. - Eco, U. - Riccardi, A., *Islam e Occidente*
264. Carboni, C., *La nuova società. Il caso italiano*
265. Viesti, G., *Abolire il Mezzogiorno*
266. Maragliano, R., *La scuola dei tre no*
267. Pepino, L. (a cura di), *Attacco ai diritti. Giustizia, lavoro, cittadinanza sotto il governo Berlusconi*
268. Ceri, P., *La società vulnerabile*
269. Bauman, Z., *Intervista sull'identità*
270. Ainis, M., *La libertà perduta*
271. Walzer, M., *La libertà e i suoi nemici nell'età della guerra al terrorismo*
272. Follini, M., *Intervista sui moderati*
273. Borgna, P. - Maddalena, M., *Il giudice e i suoi limiti. Cittadini, magistrati e politica*
274. Boeri, T. (a cura di), *www.lavoce.info. Un anno di interventi e analisi dell'economia italiana*
275. Zolo, D., *Globalizzazione. Una mappa dei problemi*

276. Marchesi, A., *La pena di morte. Una questione di principio*
277. De Rosa, L., *La provincia subordinata. Saggio sulla questione meridionale*
278. Nardozzi, G., *Miracolo e declino. L'Italia tra concorrenza e protezione*
279. di Leo, R., *Lo strappo atlantico. America contro Europa*
280. Brocca, B. - Frabboni, F., *Dialogo sulla riforma della scuola*
281. Bonafede, A., *Malus malus. Processo alle assicurazioni*
282. Davigo, P., *La giubba del re. Intervista sulla corruzione*
283. De Mauro, T., *La cultura degli italiani*
284. Settis, S., *Quale eccellenza? Intervista sulla Normale di Pisa*
285. Preterossi, G., *L'Occidente contro se stesso*
286. Amato, G., *Noi in bilico. Inquietudini e speranze di un cittadino europeo*
287. Granieri, G., *Blog Generation*
288. Rodotà, S., *Intervista su privacy e libertà*
289. Jervis, G., *Contro il relativismo*
290. Trigilia, C., *Sviluppo locale. Un progetto per l'Italia*
291. Rossi, G, *Intervista sul capitalismo opaco*
292. Scoppola, P., *La democrazia dei cristiani. Il cattolicesimo politico nell'Italia unita*
293. Roncaglia, A., *Il mito della mano invisibile*
294. Rossi, N., *Mediterraneo del Nord. Un'altra idea del Mezzogiorno*
295. Calise, M., *La Terza Repubblica. Partiti contro presidenti*
296. Viano, C.A., *Laici in ginocchio*
297. Riccardi, A., *Convivere*
298. Rossi, S., *La regina e il cavallo. Quattro mosse contro il declino*
299. Sylos Labini, P., *Ahi serva Italia. Un appello ai miei concittadini*
300. Scoppola, P., *La democrazia dei cristiani. Il cattolicesimo politico nell'Italia unita*
301. Ainis, M., *Vita e morte di una Costituzione. Una storia italiana*
302. Zincone, G. (a cura di), *Familismo legale. Come (non) diventare italiani*

303. Arena, G., *Cittadini attivi. Un altro modo di pensare al-l'Italia*
304. Granieri, G., *La società digitale*
305. Paci, F., *Islam e violenza. Parlano i musulmani italiani*
306. Carboni, C. (a cura di), *Élite e classi dirigenti in Italia*
307. Tabacci, B., *Intervista su politica e affari*
308. Pivato, S., *Vuoti di memoria. Usi e abusi della storia nella vita pubblica italiana*
309. Zagrebelsky, G., *La virtù del dubbio. Intervista su etica e diritto*
310. Carboni, C., *La società cinica. Le classi dirigenti italiane nell'epoca dell'antipolitica*
311. Irti, N., *La tenaglia. In difesa dell'ideologia politica*
312. Barbujani, G. - Cheli, P., *Sono razzista, ma sto cercando di smettere*
313. Boncinelli, E., *Come nascono le idee*
314. Viano, C.A., *Laici in ginocchio*
315. Servillo, T. - Capitta, G., *Interpretazione e creatività*
316. Pietropolli Charmet, G., *Fragile e spavaldo. Ritratto dell'adolescente di oggi*
317. Calamandrei, P., *Fede nel diritto*
318. Borgna, P., *Difesa degli avvocati scritta da un pubblico accusatore*